Amy Balton

SlowSex

Lerne Nähe & Intimität ...

Erotik-Ratgeber

LEBE.JETZT HARDCOVER
BAND 541
1. AUFLAGE: OKTOBER 2022
2. AUFLAGE: JANUAR 2024
3. AUFLAGE: NOVEMBER 2024

VOLLSTÄNDIGE BUCHAUSGABE
ORIGINALAUSGABE

LEBE.JETZT IST EINE MARKE VON

LEKTORAT:
MARIE GERLICH

UMSCHLAGGESTALTUNG: WWW.HEUBACH-MEDIA.DE
GESETZT IN DER TRAJAN PRO,
ADOBE GARAMOND PRO & CORPORATE S

PRINTED IN GERMANY
ISBN 978-3-7507-8091-0
WWW.BLUE-PANTHER-BOOKS.DE

Inhalt

Vorwort – Sexualleben in Deutschland

Sex ist ein ganz bedeutsamer und wesentlicher Bestandteil unseres Lebens, ein Ausdruck von inniger Liebe, Lust und Verlangen. Geschlechtsverkehr erfüllt einerseits unser tiefes Bedürfnis nach Vereinigung, nach emotionaler Nähe und Zweisamkeit, andererseits stillt er unsere Wollust, unsere Gier nach Befriedigung, nach ekstatischen, orgasmischen Rauschzuständen. Aus diesen Gründen hat Sex sowohl bei Männern wie auch bei Frauen einen hohen Stellenwert im Leben. Dennoch – und das ist durchaus überraschend – hat die Mehrheit der Bevölkerung Umfragen zufolge nur einmal pro Woche Sex, 20 Prozent der Befragten sogar nur einmal im Monat.

Warum so selten?, frage ich mich – heißt es doch im Volksmund, Sex sei die schönste »Neben«-Sache der Welt. Hintergrundinformationen hierzu bieten eine Reihe von Studien, die das Sexual- und Liebesleben der Deutschen kontinuierlich unter die Lupe nehmen. Die daraus resultierenden Ergebnisse sind facettenreich und spannend, zeitweise leider auch durchaus erschreckend. So kommt der *Amorelie Report zum Sex- und Liebesleben* im Jahr 2019 zu dem Ergebnis, dass lediglich 17 Prozent der Deutschen sehr zufrieden mit ihrem Sexleben sind. Laut Faktencheck von *Bild*, der auf einer Vielzahl repräsentativer Studien beruht, sind sogar 48 Prozent der Deutschen unzufrieden mit ihrem Liebesleben. Die Gründe dafür lassen sich nur erahnen oder als Kausalzusammenhang aus den Erhebungsergebnissen ableiten und interpretieren.

Ein wesentlicher Faktor scheint das kleine Zeitfenster zu sein, das wir uns für unser Vergnügen nehmen. Denn die durchschnittliche Dauer des Geschlechtsverkehrs beträgt lediglich zweieinhalb Minuten. Wenn wir großzügig das Vorspiel hinzurechnen, kommen wir Deutsche auf ganze einundzwanzig Minuten pro Liebesakt. Bedenkt man, dass Frauen im Schnitt zweiundzwanzig Minuten benötigen, um zum Orgasmus zu kommen, also eine Minute länger, als Sex durchschnittlich dauert, beantworten wir zeitgleich die Frage, warum 80 Prozent der Frauen ihrem Partner schon einmal einen Orgasmus vorgespielt haben. Vielleicht war die Zeit, die zur Verfügung stand, einfach zu knapp bemessen?

Obwohl wir guten Sex als wesentlichen Indikator für eine intakte Beziehung sehen und 57 Prozent der Befragten sogar der Meinung sind, dass Sex eine Beziehung stärker macht, räumen wir unserem Lustspiel so wenig Platz in unserem Leben ein. Irgendwie beschleicht mich das ungute Gefühl, dass unser Denken und Handeln nicht kongruent zueinander sind und Sex mittlerweile nicht mehr als ein erotischer Lückenfüller in unserem gar so stressigen Dasein ist. Haben wir wirklich keine Zeit mehr, uns näherzukommen? Spielt Sex in unseren Gedanken und Fantasien eine größere Rolle als in der Realität? Erfüllt uns unser Sexleben überhaupt noch?

Konsterniert nahm ich bei meiner Recherche für dieses Buch zur Kenntnis, dass 42 Prozent der Männer glauben, schlechter Sex sei besser als gar kein Sex. Wir verzichten also der Quantität zuliebe bewusst auf Qualität – und das bei der schönsten »Neben«-Sache der Welt! Müsste nicht gerade beim Sex die Erfüllung unserer Wünsche und Bedürfnisse an erster Stelle stehen? Sollte er nicht für alle Beteiligten ein Hochgenuss sein? Können wir in zweiundzwanzig Minuten unserem Partner wirklich sinnlich begegnen, ihm Liebe und Aufmerksamkeit schenken, uns ihm verbunden fühlen und ihn zeitgleich in seiner vollen Pracht begreifen? Für mich ist die Antwort klar: nein! Unsere »Rein-raus-fertig-Philosophie« wird diesen Ansprüchen nicht gerecht! Verstehe mich nicht falsch, ich habe nichts gegen Quickies, aber erfüllend sollte unser Sex schon sein, oder?

Laut *Amorelie Report* nehmen sich immerhin 61 Prozent der Befragten (56 Prozent der Frauen, 68 Prozent der Männer) hin und wieder bis regelmäßig Zeit, um sich mit ihren eigenen sexuellen Wünschen und Bedürfnissen auseinanderzusetzen. Gleichzeitig ist es der Mehrheit der Deutschen peinlich, offen über Sex zu reden. Und damit kommen wir schon zum nächsten Casus knacksus unseres Liebeslebens – der Kommunikation.

Nur 6 Prozent der Paare versuchen, ihr Sexleben durch Gespräche ständig zu verbessern. Gerade mal 27 Prozent sprechen sehr offen über ihre sexuellen Wünsche, obwohl – und das ist das Paradoxon – 47 Prozent der Probanden gern mehr über die sexuellen Wünsche des Partners erfahren würden. Prinzipiell lässt sich also festhalten, dass ein grundsätzliches Interesse füreinander und aneinander besteht, wir uns allerdings nicht trauen, uns mit unserem Partner über unsere Wünsche und Bedürfnisse auszutauschen, unsere Sehnsüchte zu verbalisieren und damit unserem Gegenüber zugänglich zu machen. So ist es nicht verwunderlich, dass 44 Prozent der Frauen dem eigenen Partner auch ihre erotischen Tagträume verschweigen.

Ich bin von diesen Ergebnissen tatsächlich geschockt. Wie soll der Partner uns denn sexuell befriedigen, wenn wir nicht mit ihm darüber sprechen, was uns guttut und was uns gefällt, wenn wir unsere Sehnsüchte verschweigen? Eigentlich hat er keine andere Chance, als blind im Nebel der Sexualität zu stochern, in der Hoffnung, den richtigen Weg zu finden und dann bitte auch dort zu bleiben, um kein weiteres Risiko einzugehen. Unter dieser Voraussetzung brauchen wir uns wirklich nicht wundern, wenn wir unser Sexleben als unbefriedigend erleben. Denn es bleibt uns wohl nichts anderes übrig, als bei unseren guten, altbewährten Langzeitpraktiken und Berührungsmustern zu verharren.

Vaginalsex – am liebsten in der Missionarsstellung oder im Doggy-Style, Oralsex und sinnliche Massagen stehen bei den Deutschen ganz hoch im Kurs. Letzteres hat mich tatsächlich überrascht, war doch von Sinnlichkeit in den Studien wenig zu lesen. Eher von Prostitution, Fremdgehen, Sextoys, unerfüllten Fantasien, Pornos und Unzufriedenheit mit dem eigenen Körper, dem eigenen Sexleben.

Ergo: Wir haben viele Baustellen, an denen wir arbeiten müssen, um unser Liebesleben wieder zu dem zu machen, was es eigentlich sein sollte – ein Höhepunkt der Gefühle. Mit dem Fokus auf Qualität die Quantität zu erhöhen, Nähe und Sensibilität zu fördern, um wieder miteinander zu verschmelzen und ineinander aufzugehen. Aber wie können wir es angehen? Wie bringen wir wieder mehr Sinnlichkeit, mehr Erotik und mehr Verbundenheit in unsere Schlafzimmer? Wie können wir unser Liebesleben bereichern? Ich bin zuversichtlich, dass dir dieses Buch die Antwort geben wird. Bleibe aufmerksam und gespannt.

Achtsamkeit als Lebensphilosophie

»Wenn wir nicht ganz wir selbst sind, wahrhaft im gegenwärtigen Augenblick, verpassen wir alles.«
Thich Nhat Hanh

Stress, Hektik und ein immer höheres Maß an Belastung sind die Komponenten, die unseren Alltag besonders prägen. Wir sind nicht mehr nur du und ich, Mann und Frau, wir sind Karrieremensch, Arbeitstier, Haushälter:in, Gärtner:in und Familienmanager:in in Personalunion. Wir hetzen durch unseren perfekt strukturierten Alltag, planen die nächsten Schritte, erstellen weitere To-do-Listen, obwohl wir die letzte noch nicht abgearbeitet haben. Allzu oft führt dieses Leben unter Vollgas zu Konzentrationsmangel, Zerstreuung und körperlicher

Anspannung. »Ich kann nicht mehr!« – »Ich weiß nicht, wo mir der Kopf steht!« – »Ich schaffe das nicht!« – »Ich fühle mich erschöpft!« Diese Sätze haben wir sicherlich alle schon einmal gesagt. Obwohl sie so banal klingen, spiegeln sie das tiefste Innere unserer Seele wider. Wir sind ausgelaugt, ausgebrannt vom Leben.

So ist es nicht verwunderlich, dass immer mehr Menschen unter dem psychischen und physischen Druck zusammenbrechen oder zumindest unter den Folgen leiden. Andauernde Kopf- und Rückenschmerzen, Schlaflosigkeit, Unruhezustände bis hin zu Angst- und Panikzuständen zeigen, wie sehr sich Stress auf unseren Gesundheitszustand auswirkt. Doch viel zu häufig überhören wir die Warnsignale unseres Körpers und unseres Geistes. Stattdessen rennen wir weiterhin dem gesellschaftlich propagierten Idealbild des Multitaskings hinterher, um dem Erwartungsdruck gerecht zu werden und mit der Konkurrenz mithalten zu können. Noch schneller, noch weiter, noch höher, noch besser, noch mehr! Von dieser Lebenseinstellung können wir uns auch in unseren eigenen vier Wänden nicht verabschieden oder sie beim Betreten des Zuhauses wie eine Jacke an den Haken hängen. Sie beeinflusst unterdessen nicht nur unser Berufs-

und Sozialleben, sondern auch unsere Partnerschaft und damit letztendlich unsere Sexualität. Wie lange können wir diesem Druck noch standhalten? Ist es nicht Zeit, diesen Kreislauf, diese Teufelsspirale zu durchbrechen?

In dem Augenblick, in dem wir uns diese Fragen stellen, haben wir schon den ersten Schritt in die richtige Richtung getan. Haben die Erkenntnis erlangt, dass es so nicht weitergehen kann, dass wir den Fokus verloren haben. Dass es Zeit ist, einen neuen Weg einzuschlagen, uns wieder auf das zu konzentrieren, was wichtig ist im Leben – auf uns selbst, auf das Hier und Jetzt, auf den Moment. Achtsamkeit wird uns dabei ein guter Begleiter sein. Sie kann als eine Art Gegenpol zu unserem ständigen Wettlauf mit der Zeit gesehen werden. Wir ändern den Blickwinkel weg vom Tempo, hin zu mehr Ruhe und Gelassenheit. Wir beschäftigen uns nicht mehr ausschließlich mit der Planung unseres Lebens, sondern leben im Hier und Jetzt. Wir streben somit nach Verlangsamung, nach Entschleunigung.

Sicherlich ist dir Achtsamkeit schon häufiger begegnet, du hast sie nur nicht als deinen Schlüssel zum Erfolg wahrgenommen. In den Medien wird sie gehypt, beinah schon zum Modewort gekürt. Wer allerdings den Mut findet, hinter die Kulissen zu schauen, wird erkennen, dass Achtsamkeit mehr als nur eine Trenderscheinung ist. Vielmehr ist es wissenschaftlich belegt, dass sie Stress reduzieren, sowie den Alltag entschleunigen kann und somit wieder zu mehr Sensibilität in unserem Denken, Fühlen und Handeln führt. Sie stärkt unser Immunsystem und unsere Gesundheit, lässt uns gleichzeitig Kraft tanken und steigert unser Wohlbefinden. Achtsamkeit ist also eine körpereigene Medizin, die wir selbst produzieren können.

Was ist Achtsamkeit?

Das Grundkonstrukt der Achtsamkeit stammt ursprünglich aus dem Buddhismus und gilt als innere Haltung, die jeder Meditation zugrunde liegt. Keine Sorge, du kannst auch achtsam sein, ohne zu meditieren, wenn auch die Begrifflichkeiten häufig vermischt werden. Mittlerweile wird das Konstrukt der Achtsamkeit auch in der Psychologie, konkret in der Verhaltenstherapie, angewendet und dort meist als »intensive Aufmerksamkeit« deklariert. Die Einsatzgebiete sind demnach breit gefächert, die Wirksamkeit auf Körper und Geist eindeutig belegt.

Achtsamkeit bedeutet in erster Linie, im Hier und Jetzt zu sein, den Moment bewusst wahrzunehmen, zu erleben. Und zwar mit allem, was dazugehört, mit all unseren Gefühlen, Gedanken, Sinneseindrücken, körperlichen Vorgängen und Empfindungen. Voraussetzung ist, dass wir wahrnehmen – ohne zu bewerten, zu analysieren, zu kategorisieren und zu interpretieren. Wir verweilen also auf der Gefühlsebene. Auf diese Weise schaffen wir einen Abstand zwischen Reiz und Reaktion, um das Erlebte wertfrei annehmen zu können. Die Wertungsfreiheit sorgt gleichzeitig dafür, dass wir uns nicht selbst bewerten oder sogar abwerten, sondern ganz im Gegenteil, dass wir uns achten und für uns sorgen. Achtsamkeit bedeutet, Abstand zu nehmen und gleichzeitig hier zu sein. Also den Fokus auf unser Inneres zu richten und uns gleichzeitig selbst aus der Vogelperspektive zu betrachten. Weg von all dem, was uns stört, hin zu unserer Seele, zu dem, was uns guttut und erfüllt.

Das mag für dich vielleicht erst einmal sehr esoterisch klingen, eventuell auch ein wenig abgehoben. Deshalb möchte ich an einem konkreten Beispiel verdeutlichen, wie Achtsamkeit unseren Alltag positiv verändern kann.

Wie oft ist es dir schon passiert, dass du dich von einem Raum in den anderen begeben hast und dich, dort angekommen, nicht mehr daran erinnern konntest, was du eigentlich tun wolltest? Ist dir schon einmal mitten im Satz der Gedanke entglitten und auch nach vehementer Anstrengung nicht mehr zurückgekehrt? Vielleicht kommt dir auch folgendes Problem bekannt vor: Vor fünf Minuten hast du den Autoschlüssel ganz sicher auf den Tisch gelegt und nun ist er wie vom Erdboden verschwunden.

Immer dann, wenn dir diese oder ähnliche Dinge widerfahren, bist du nicht fokussiert, nicht im Hier und Jetzt, also eigentlich nur körperlich anwesend. Dein Geist weilt währenddessen ganz woanders, vielleicht bei einem Problem, das es noch zu lösen gilt, bei der Planung der nächsten Feier oder dem Streit vom Vorabend. Diese zeitfressenden und unangenehmen Situationen kannst du vermeiden, wenn du achtsam bist. Das hat zur Konsequenz, dass wir uns von dem hoch gehypten Multitasking verabschieden müssen, um uns auf die eine Sache zu konzentrieren, zu fokussieren. Oder kannst du dich etwa noch an den Geschmack deines Honigbrötchens beim Frühstück erinnern, während du dabei Zeitung gelesen, den Einkaufszettel für den Nachmittag geschrieben und die Schulbrote für die Kinder gemacht hast? Manch einer kann sich auf Nachfrage nicht einmal mehr daran erinnern, ob oder was er morgens überhaupt gefrühstückt hat. Im Wirrwarr unserer Gedanken und Tätigkeiten behalten wir zwar krampfhaft den Überblick, verlieren zeitgleich jedoch den Blick fürs Detail, fürs Wesentliche. Und sind es nicht vor allem die kleinen Dinge im Leben, die uns glücklich machen?

Die gute Nachricht: Achtsamkeit kann man lernen, auch du! Das MBSR-Achtsamkeitstraining (Mindfulness-Based Stress Reduction) nach Prof. Dr. Jon Kabat-Zinn ist eine der am weitesten verbreiteten Methoden. In einem umfassenden Seminar erlernen die Teilnehmer durch eine Kombination aus Körperwahrnehmungsübungen und Yoga-Sequenzen die Fähigkeit zu mehr Konzentration und Aufmerksamkeit. Ziel ist es, eine achtsame Haltung zu erlangen und diese sowohl auf den privaten wie auf den beruflichen Alltag zu übertragen und dadurch gelassener mit Stress sowie belastenden Gedanken und Gefühlen umgehen zu können.

Bitte jetzt nicht gleich verzweifeln oder das Buch in die Tonne werfen. Es muss nicht gleich ein ganzes Seminar sein, um einen achtsamen Umgang mit dir selbst und deinen Mitmenschen zu erlernen. Im Verlauf der nächsten Kapitel werde ich dir viele kleine Übungen vorstellen, die dir dabei helfen, achtsam durchs Leben zu gehen.

Im **ersten Schritt** genügt es, deine **Sinne zu sensibilisieren**, ihre komplette Fähigkeit auszuschöpfen und für dich zu nutzen, Eindrücke wieder bewusst wahr- und anzunehmen, ohne sie zu bewerten.

Augen auf

Nimm dich und deine Umgebung genau wahr. Halte inne und komm zur Ruhe. Betrachte bei einem Spaziergang die Pflanzen, Gebäude oder Menschen. Fokussiere dich auf eine Stelle, verliere dich in Details, die du sonst übersehen hättest, konzentriere dich auf die Kleinigkeiten, aus denen das Große und Ganze besteht, und versinke darin.

Spitz die Ohren

Geräusche nehmen wir häufig nur noch als Lärm wahr, sie strapazieren unser Trommelfell. Stille hingegen existiert lediglich während der Nachtruhe und auch dann sind unsere Träume manchmal turbulent und aufwühlend. Der Alltag lässt uns im Geräusch-Smog ertrinken. Um zu überleben, verdrängen wir den ständig andauernden Lärm als nötiges Übel in den Hintergrund. Aber haben Geräusche nicht auch etwas Reizvolles? Schließe nun für einen Moment die Augen, spitz die Ohren und nimm die Geräusche um dich herum aktiv wahr. Was ist ihre Quelle? Wie hören sie sich an? Worin unterscheiden sie sich? Alternativ dazu kannst du auch einen Raum der absoluten Stille schaffen. Kannst du nun noch etwas hören? Vielleicht deinen eigenen Herzschlag?

Schmeck den Unterschied

Genießen statt schlingen, dinieren statt ernähren, das ist die Devise. Leg dein Smartphone zur Seite, schalte Radio und Fernseher aus und schenke dem Essen deine ganze Aufmerksamkeit. Lass es somit von der Nebensache zur Hauptsache werden. Wie ist deine Mahlzeit angerichtet? Aus welchen Komponenten ist sie zusammengesetzt? Sauge den Duft ein, spüre die Temperatur des Essens und seine Konsistenz. Kaue bewusst und langsam. Aktiviere deine Geschmacksknospen und achte auf die verschiedenen Aromen. Lass dich nicht von Gedanken ablenken, genieße dein Essen in vollen Zügen. Schmeckst du den Unterschied?

Atme dich frei

Nimm dir einen Moment Zeit, um das, was du jeden Tag unbewusst tausendfach tust, aktiv zu erleben – atme! Lass die Luft durch die Nase in deine Lungen strömen. Lass den Atem von selbst einfach kommen und gehen. Spüre, wie sich dein Brustkorb hebt und senkt. Schicke den Sauerstoff in deinen Bauch, in deinen Rücken oder an eine verspannte Stelle und genieße das Lebenselixier in vollem Bewusstsein.

Fühle dein Umfeld

Mach mit den Händen das sichtbar, was deine Augen übersehen. Deinen Tastsinn benötigst du jeden Tag, allerdings nimmst du die Signale, die deine Fingerkuppen zu deinem Gehirn schicken, gar nicht richtig wahr. Kennst du das Spiel, bei dem du blind in einen Kasten greifen musst, um den Gegenstand zu erraten, zu erfühlen? Dabei verlässt du dich ganz auf die Sensibilität und Fähigkeit deiner Hände. Welche Struktur hat der Gegenstand? Aus welchem Material ist er gefertigt? Wie fühlt er sich an? Hat er Ecken und Kanten oder ist er eher rund? Wie ist die Oberfläche beschaffen? Du kannst so viel mehr spüren, wenn du deine Konzentration nur auf den einen Gegenstand lenkst.

Falls ich dich noch immer nicht davon überzeugen konnte, dass Achtsamkeit dein Leben verändern wird, folgen nun ein paar Fakten, die dich sicherlich eines Besseren belehren werden. Denn gelebte Achtsamkeit führt nachweislich zu einer signifikanten, besseren psychischen Gesundheit. Das hat ein Forscherteam unter Beteiligung der Justus-Liebig-Universität Gießen im Jahr 2011 herausgefunden. Eine australische Studie von Ivanovski und Malhi aus dem Jahr 2007 zeigt sogar, dass Achtsamkeitstraining zu mehr Feingefühl, Offenheit und Konzentration führen kann. Wer in sich ruht, hat mehr Geduld mit sich selbst und mit anderen, ist stressresistenter und disziplinierter. Achtsamkeit führt somit zu einer optimistischen Grundeinstellung. Wer Achtsamkeit präventiv betreibt, ist wacher und aufmerksamer, stärkt sein Immunsystem und somit seine Gesundheit. Bei Krankheitsbildern wie Burn-out, Depressionen, psychischen Störungen, Hauterkrankungen und Krebs wurden bereits positive Effekte belegt.

»Aber was hat das nun alles mit Sex zu tun?«, fragst du dich wahrscheinlich. Die Antwort ist naheliegend, und das im wahrsten Sinne des Wortes. Du findest sie nämlich im nächsten Kapitel.

Sex und Achtsamkeit – eine gelungene Kombination

In unserem Leben gibt es viele Gründe, warum wir nicht mit unserem ganzen Empfinden beim Sex sind. Prinzipiell sind wir beim Liebesakt zu rational, agieren auf der Kopfebene, anstatt uns auf der Herzebene zu begegnen. Während uns unser Partner liebevoll streichelt, schweifen unsere Gedanken unkontrolliert ab. Wir lassen das letzte Meeting Revue passieren, denken an Dinge, die es noch zu erledigen gilt, spielen Fantasien im Kopf ab oder machen uns Sorgen um unsere kosmetischen Problemzonen. Stress ist dabei unser größter Lustkiller. Kurzum: Wir sind alles andere als im Hier und Jetzt, können den Augenblick dementsprechend auch nicht wirklich genießen, hoffen nahezu, er möge schnell vorbeigehen. Die schönste »Neben«-Sache der Welt wird im wahrsten Sinne des Wortes nebensächlich, was einen Mangel an Wertschätzung uns selbst und unserem Partner gegenüber zur Folge hat. Ein Kreislauf, den es zu durchbrechen gilt.

Glücklicherweise haben wir für diese Problematik bereits die Lösung in der Tasche – Achtsamkeit! Denn Achtsamkeit und Sex sind eine gelungene Kombination, die wahre Wunder bewirken kann.

Wenn du die Prinzipien der Achtsamkeit berücksichtigst und lebst, wirst du Zärtlichkeiten und Berührungen besser zulassen, viel deutlicher wahrnehmen und intensiver genießen können. Im Hier und Jetzt wird das Spüren mit all deinen Sinnen zum wahren Hochgenuss. Wer achtsam gegenüber sich selbst ist, kann mehr auf seinen Partner eingehen, ohne dabei das Gespür für sich selbst zu verlieren, kann sich voll und ganz hingeben. Geben und nehmen sind keine Gegensätze mehr, sondern verschmelzen zu einer Einheit, einer tiefen innigen Verbundenheit. Du bekommst einen neuen Zugang zu deiner Männlichkeit bzw. Weiblichkeit, deinem eigenen Körper. Ob beim Sex oder bei der Selbstbefriedigung – du wirst unbekannten, neuen Empfindungen begegnen, die dich verzaubern werden.

Bitte bedenke: Achtsamkeit hat wie das Leben selbst viele Gesichter. Ein achtsames Verständnis von Sexualität bedeutet, dass jeder sein persönliches Liebesleben so ausrichten kann und darf, wie er es sich vorstellt und wünscht, unabhängig von seiner sexuellen Definition und Orientierung sowie den individuellen Vorlieben. Damit bedarf Achtsamkeit Offenheit und Toleranz, gerade in der Sexualität. Denn vor allem hier soll jeder nach seinen persönlichen Vorlieben und nach seiner Façon glücklich werden.

Partner müssen sich wertschätzend und auf Augenhöhe begegnen, ohne zu bewerten oder den anderen im schlimmsten Falle abzuwerten. Ein respektvoller Umgang miteinander und eine offene Kommunikation bilden die Basis für ein erfüllendes Liebesleben in Achtsamkeit.

Achtsamkeit und Hingabe – ein vollkommenes Duett

Wenn man den Duden befragt, ist Hingabe ein »rückhaltloses Sichhingeben für/an jemanden, etwas« bzw. eine »große innere Beteiligung, hingebungsvoller Eifer; Leidenschaft«. Hingabe ist also ein Gefühl voller Leben, Freude und Kraft – eine wahre Bereicherung für unser Leben, unsere Liebe und auch letztendlich für unsere sexuelle Lust. Hingabe ist ein bedingungsloses »Ja« zum Sein, zur eigenen Person und der des Partners. Wir werfen unsere Ich-Bezogenheit über Bord und gehen im Miteinander auf.

Sich hinzugeben, mit allem, was wir haben und was wir sind, ist gar nicht so leicht. Denn der größte Gegenspieler der Hingabe ist die Angst. Im Moment der völligen Hingabe sind wir zugleich auch sehr verletzlich. Deshalb haben wir Sorge, dass unsere

Hingabe missbraucht werden könnte. Wenn Vertrauen fehlt oder schwach ist, führt dies zu Angst vor Fehlern und einem ausgeprägten Kontrollbedürfnis. Kontrolle aber verhindert Tiefe in der Begegnung, Liebe und Lebendigkeit. Dennoch sind wir darauf gepolt, Hingabe zu vermeiden, um das Gefühl des Ausgeliefertseins, der Ohnmacht und der Nacktheit nicht zu erfahren.

Wir müssen also die Angst ablegen und unseren Schutzpanzer öffnen, um diesen Moment der absoluten und bedingungslosen Vereinigung erleben zu können. Denn Hingabe bedeutet Vertrauen gegenüber dem Leben, dem eigenen Ich und dem Partner. Daher: Wirf deine Sorgen, Bedenken und Befürchtungen über Bord. Gedanken über den möglichen Kontrollverlust dürfen in deinem Mindset keine Rolle mehr spielen.

Tatsächlich haben wir alle verlernt, uns hinzugeben, denn wir konnten es einst. Damals, als wir noch Kinder waren, haben wir uns hingebungsvoll unserem Spiel gewidmet. Wir haben uns durch nichts stören lassen, unsere Umgebung völlig vergessen, waren eins mit unserem Spiel, vergaßen Raum und Zeit. Auch wenn wir als Erwachsene diese Gabe verloren haben, ist es nie zu spät, sie wieder zurückzuholen. Denn jeder kann sich hingebungsvoll jemandem zuwenden. Es kommt dabei nicht darauf an, was wir tun, sondern wie wir es tun.

Am geläufigsten ist uns die Vorstellung von Hingabe in der Liebe und in der Sexualität. In einer Liebesbeziehung geben sich die Partner einander hin, lassen sich aufeinander ein, verschmelzen zeitweise miteinander. Wer sich hingibt, kann sich selbst verlieren, voller Vertrauen, dass er in liebende Arme fällt – mit dem Wissen, angenommen zu werden, geschützt zu sein. Wer einen anderen Menschen liebt, der gibt sich ihm hin. Er möchte beides: bei sich und beim anderen sein, um mehr Fülle und Lebendigkeit zu erfahren. Das bedeutet aber auch den Wegfall von Kontrolle, Lenken und Denken. Somit ist Hingabe die Krönung der Liebe. Sie bringt Freiheit in der Verbundenheit.

Auch in der liebevollen Sexualität können wir uns ganz hingeben und auf wunderbare Weise Einheit erleben: Wir fühlen uns, wir fühlen den anderen, wir fühlen die eigene Lust und die des Partners. Und manchmal erleben wir dabei alles als eins, als bedingungslose, pure und echte Leidenschaft. Unter dieser Voraussetzung wird Sex plötzlich zu etwas viel Größerem. Dann geht es nicht mehr nur um den banalen Austausch von Körperflüssigkeiten, sondern um das höchste Gut, das wir besitzen – wahre Liebe.

Hingabe basiert auf Achtsamkeit. Sie bedingen sich gegenseitig, bilden das vollkommene Duett. Denn wer sich in der völligen Hingabe auflösen möchte, muss zuerst achtsam gegenüber sich selbst sein. Es ist die Macht der Achtsamkeit, die uns Kraft schenkt, unser Inneres belebt und bereichert. Nur wenn wir unserem eigenen Körper Vertrauen schenken, unsere Bedürfnisse kennen und wissen, was uns guttut, uns entspannt, glücklich und zufrieden macht, können wir uns einander hingeben. Hingabe kann nur aus einer inneren Stärke heraus entstehen, aus dem Vertrauen zu sich selbst. Also hör auf deine innere Stimme.

Übungen für mehr Achtsamkeit

Wie bereits angekündigt, möchte ich dir nun einige spannende Übungen vorstellen, die dir verschiedene Wege aufzeigen, wie du Achtsamkeit in dein Leben und deine Sexualität integrieren kannst. Lass dich davon überraschen, wie sie dein Liebesleben nachhaltig verändern, facettenreicher, intensiver und ausdauernder gestalten werden. Fühle dich herzlich dazu eingeladen, sie allein oder mit deinem Partner auszuprobieren.

Sich Zeit für sich selbst nehmen, auf Entdeckungsreise gehen, den eigenen Körper gedanklich abtasten (scannen), um ein neues Körpergefühl zu erlangen, die Aufmerksamkeit auf verschiedene Bereiche lenken, Entspannung finden und Verspannungen lösen, alles andere ausblenden, loslassen, ganz bei sich selbst sein, jedes Detail des Körpers spüren – das ist der Bodyscan. Eine Meditationsübung, die ihren Ursprung in der buddhistischen Vipassana-Tradition hat und dann später von Jon Kabat-Zinn abgeändert wurde.

Die Herausforderung des Bodyscans besteht darin, fokussiert zu bleiben, nicht einzuschlafen und vor allem nichts zu erzwingen oder sich gar selbst unter Druck zu setzen, irgendetwas fühlen oder spüren zu müssen. Gönn dir selbst ein bisschen Übung, schenke dir Zeit und bleibe gelassen.

Und so geht's – der Fahrplan durch deinen Körper

Den Body Scan kannst du unter Anleitung (z. B. Audio- oder Video-Datei) oder allein je nach Belieben im Sitzen, Stehen oder Liegen durchführen. Es gilt dabei, Geist und Körper in Ruhe und Einklang zu bringen und trotzdem wach und aufmerksam zu bleiben.

Sorge dafür, dass du eine angenehme Position findest, und richte deinen Fokus zuerst auf deine Atmung. Lass die Luft wie von selbst durch deine Lunge, durch deinen Körper strömen und komme langsam zur Ruhe.

Deine Reise beginnt bei deinen Füßen. Lenke deine ganze Aufmerksamkeit in die Zehen, die Fußsohlen, die Fersen und den Spann. Spüre und fühle sie. Wandere auf diese detailreiche Art und Weise durch deinen ganzen Körper – von den Füßen über die Beine, den Po, Rumpf, Rücken, Bauch und Brust bis zu Gesicht und Scheitel. Fokussiere dich beim Übergang zwischen den einzelnen Körperpartien immer wieder auf deine Atmung. Überprüfe, ob sich Spannungen in deinem Körper befinden, und löse diese auf. Dich störende aufkommende Gedanken kannst du getrost weiterziehen lassen. Entstehende Emotionen nimmst du wertfrei an, hältst einfach nur den Istzustand deines Körpers fest. Manche Menschen verspüren eine Schwere, ein Kribbeln, Wärme oder gar Schwerelosigkeit in den fokussierten Körperteilen. Genieße diesen Zustand der völligen Entspannung und Achtsamkeit. Zum Abschluss spüre deinen Körper noch einmal als Ganzes, als Einheit, spüre dich. Beende die Übung mit drei tiefen Atemzügen, strecke und rekle dich.

Durch den Bodyscan kannst du deinem Körper auf eine ganz andere Art und Weise begegnen und ihn kennenlernen. Stress wird abgebaut, Verspannungen gelöst, Körper und Geist gelangen in Einklang.

Diese Übung kann auch als Partnerübung durchgeführt werden. Entweder ihr lasst euch gemeinsam anleiten oder ihr leitet euch gegenseitig an und schenkt euch intensive Aufmerksamkeit und Ruhe. Ein gemeinsamer Weg zu mehr Gelassenheit.

Selbstwahrnehmung: Muster ablegen – Genuss schaffen

In unserem Leben, so auch beim Sex, haben wir festgelegte Angewohnheiten und Rituale, sogenannte Muster. Das ist per se erst einmal nicht schlimm, denn sie geben uns einen Aktionsrahmen, einen sexuellen Fahrplan vor und schenken uns dadurch Sicherheit. Routine schafft jedoch auch Langeweile und bremst unsere Kreativität. Wir folgen also mehr oder weniger einem Automatismus, den wir immer und immer wieder abspielen. Deshalb gilt es nun, sich alter Muster bewusst zu werden und diese im nächsten Schritt abzulegen, um neue Wege gehen zu können. Erst dann kannst du lernen, zurück ins Hier und Jetzt, ins Spüren, Empfinden und Sein zu kommen, um deine Lust neu zu entdecken.

Zudem gilt es, dem Sex prinzipiell das vorgegebene Ziel zu rauben – den »Orgas-Muss«! Wenn wir uns während des sexuellen Aktes nur auf das Ziel fokussieren, können wir den Weg gar nicht genießen, verpassen also die ganzen Empfindungen. Kurz ein paar Streicheleinheiten verteilen, dann die immer gleichen Knöpfe drücken, um schließlich in eine Richtung zu stimulieren – und schon bist du am Ziel angekommen. Wir alle kennen den Sex, der für Befriedigung sorgt, aber nicht wirklich berührt. Beziehe ab jetzt jede Faser des Körpers, jede Unebenheit, jede noch so kleine Stelle in dein Liebesspiel mit ein. Spüre nach, wie sich die Berührungen anfühlen. Fokussiere dich nicht nur auf die lustversprechenden Stellen, sondern auf den ganzen Körper. Und vor allem: Genieße jeden Augenblick.

Übung Teil 1 – Alte Muster abwerfen:

Gehe in dich, vergegenwärtige dir, welchen Mustern und Bewegungsabläufen du beim Sex oder der Selbstbefriedigung folgst. Die folgenden Fragen können dir bei der Selbstreflexion helfen:

- Welche Bilder oder Fantasien erscheinen vor meinem inneren Auge?

- In welchen Momenten greife ich wie ferngesteuert zum Sex-Toy?

- Folge ich einem Berührungsmuster, beziehe ich auch nicht erogene Zonen in das Liebesspiel mit ein?

- Bin ich voll und ganz bei der Sache, also im Hier und Jetzt, oder schweifen meine Gedanken ab?

- Spiele ich meinem Partner etwas vor oder sind meine Empfindungen echt?

- Verfolge ich mit meinen Berührungen ein vorbestimmtes Ziel, hechele ich dem Orgasmus entgegen oder genieße ich den Augenblick, jede einzelne Berührung?

Der erste Schritt ist getan. Sicherlich mit spannenden Erkenntnissen. Nun darfst du auf Erkundungstour gehen, auf eine sinnliche Reise durch deinen Körper.

Übung Teil 2 – Den Körper achtsam erkunden:

- Nimm dir Zeit nur für dich, ohne Termin- und Zeitdruck, ohne Stress. Sorge für eine gemütliche, ungestörte und sinnliche Atmosphäre.

- Beginne nun, deinen Körper zu erkunden. Berühre und streichle dich selbst. Gehe dabei langsam und behutsam vor. Fokussiere dich nicht auf die Stimulation, sondern genieße die Streicheleinheiten und deine Gefühle. Keine Stelle deines Körpers soll Unliebkost bleiben.

- Schalte das Kopfkino aus. Du benötigst keine Bilder, um dich zu stimulieren, vielmehr lenken dich diese vom Spüren ab. Beobachte stattdessen genau, welche Empfindungen an welcher Stelle deines Körpers auftauchen und wohin sie sich entwickeln.

- Bleibe immer im vollen Bewusstsein. Wenn deine Gedanken abschweifen, bringe sie zu dir zurück. Ein paar tiefe, bewusste Atemzüge können dich dabei unterstützen.

- Bringe dich nicht gleich zum Höhepunkt, sondern genieße das Spiel der aufkommenden und wieder abklingenden Erregung. Zu Beginn wird es ungewohnt sein, der Lust nicht zu folgen, um ihr sofort zu erliegen, doch bald wirst du den Unterschied zu deinem bisherigen Liebesspiel kennen und schätzen lernen.

Diese Übung lehrt dich, dich voll und ganz auf deinen Körper, auf die einzelnen Berührungen zu fokussieren. Durch sie lernst du, feine Nuancen und unterschiedliche Empfindungsstufen deiner Lust zu erkennen und wahrzunehmen. Diese Empfindungen werden sich auch auf die Körperregionen ausweiten, die du bislang nicht als lustvoll wahrgenommen hast. Körpererfahrene Menschen können die sexuelle Energie bewusst in einzelne Bereiche lenken, sie beispielsweise in den Brustraum, die Herzregion oder in den ganzen Körper strömen lassen und somit das Gefühl eines Ganzkörper-Orgasmus erleben. Setze dich jedoch nicht unter Druck: Zum einen braucht es hierzu viel Übung, zum anderen wirkt eine Zielsetzung, wie bereits erwähnt kontraproduktiv.

Partnerübung: Sensate Focus

Sensate Focus, auch Sensualitätstraining genannt, ist eine kraftvolle und etablierte Sex-Therapie, die bereits in den 1950ern von William H. Masters und Virginia E. Johnson entwickelt wurde und heute von vielen Therapeuten in reiner oder abgewandelter Form eingesetzt wird. Sie leitet Paare dazu an, sich, ihren Körper und vor allem ihre Empfindungen und Gefühle wieder neu zu entdecken und mit allen Sinnen wahrzunehmen, ohne dass dabei der Geschlechtsverkehr oder gar der Orgasmus im Vordergrund steht. Forderungen und Leistungsdruck werden also gezielt ausgeklammert. Vielmehr sollen das Lustempfinden und das gegenseitige Vertrauen gestärkt und positive erotische Erlebnisse geschaffen werden.

Probiere auch du es mit deinem Partner aus und lasst euch gemeinsam auf diese neue sinnlich-sexuelle Erfahrung ein. Lasst euch dabei von Empathie und Offenheit treiben und nutzt die Möglichkeit, Verbundenheit – ohne den Einsatz von auf Lusterfüllung ausgerichteten Sex – physisch zu kommunizieren.

Die fünf Stufen im Sensate Focus

Der Sensate Focus ist eine Partnerübung, bei der es einen sich abwechselnden gebenden (Geber) und nehmenden (Empfänger) Part gibt. Zu Beginn gilt es, diese Rollen festzulegen und eine Atmosphäre zu schaffen, in der sich beide Partner wohlfühlen. Um die Dauer der Übung abzuschätzen, kann es sinnvoll sein, einen Timer zu stellen. Die fünf Stufen bauen dabei aufeinander auf und unterliegen einer Intensitätssteigerung der Berührungen. Geht immer erst dann zur nächsten Stufe über, wenn ihr euch dazu bereit fühlt.

1. Stufe: Streicheln

Die erste Stufe des Trainingsprogramms fördert eine neue Art der Begegnung und ermöglicht es beiden Partnern, frei von Druck und Leistungsansprüchen sowohl den eigenen Körper zu erfahren als auch den Körper des Partners und seine Vorlieben zu erforschen.

Der Empfänger nimmt eine angenehme Position ein und macht es sich gemütlich. Er kann dabei nackt sein, manchen Menschen hilft es aber im ersten Schritt, noch Unterwäsche zu tragen, um die intimen Zonen zu bedecken. Diesen wird nämlich vorerst keine Beachtung geschenkt, sie dürfen nicht berührt werden. Der Geber beginnt nun, den Empfänger zu streicheln. Dabei kann er Festigkeit, Druck, Rhythmus und Art der Berührung (mit der Handkante oder der Innenfläche, dem Handrücken oder lediglich den Fingerspitzen) variieren. Er konzentriert sich voll und ganz auf den Körper des Partners und achtet dabei auf dessen körperliche Reaktionen (Gänsehaut, Puls, Feuchtigkeit, Atmung). Der Empfänger ist völlig passiv und genießt. Er fühlt die Berührungen, ohne sie zu bewerten, ohne Wünsche zu äußern, ohne zu vergleichen. Er lenkt nicht und stellt keine Forderungen. Sollte er eine Berührung als unangenehm empfinden, darf er dies natürlich umgehend äußern.

Kurz vor Ablauf der vorher festgelegten Zeit verlangsamt der Geber die Berührungen und hält abschließend noch einen Moment inne. Beide spüren den Berührungen, den Empfindungen und vor allem der tiefen Verbindung nach. Im Anschluss dürft ihr die Rollen tauschen oder auch erst am nächsten Tag mit der Übung fortfahren. Bleibt stets offen für alle Entdeckungen und Empfindungen – in beiden Rollen.

2. Stufe: erkundendes Streicheln

Nachdem im ersten Schritt Genitalien und Brüste absolut tabu waren, dürfen diese beim »erkundenden Streicheln« berührt werden. Allerdings sollte der Geber dies langsam und behutsam tun. Verfallt nun nicht wieder in eure sexuellen Verhaltensmuster. Es geht nicht darum, dem Partner möglichst schnell Lust zu bereiten, sondern immer noch um das Fühlen und Spüren, um das spielerische, beinahe naive Erkunden. Macht euch mit dem Körper des anderen vertraut, lernt ihn noch einmal neu kennen, gewinnt Sicherheit im Berührtwerden und Berühren.

3. Stufe: stimulierendes Streicheln

In dieser Stufe beginnt das Spiel mit der Erregung. Küssen und Sex sind immer noch tabu, allerdings dürft ihr euch mit Fingern, Zunge und Lippen berühren und liebkosen. Verbleibt weiterhin in den Rollen des Gebers und Empfängers. Beginnt langsam und angemessen, geht achtsam und respektvoll miteinander um. Steigert schrittweise und behutsam die Intensität eurer Berührungen. Wird die Erregung zu stark, lasst sie erst wieder abflauen, um dann erneut zu beginnen. Bezieht den ganzen Körper in eure Berührungen mit ein. Spielt mit der Erregung, baut keinen Druck auf.

Beobachtet genau, was eurem Partner Spaß macht, was ihm Lust bereitet, achtet aber auch darauf, ob sich bei bestimmten Berührungen Unbehagen einstellt. Lasst ihn schließlich, wenn möglich, zum Höhepunkt kommen. Sollte sich dieser nicht einstellen, genießt gemeinsam das Gefühl der Aufmerksamkeit und Verbundenheit, der Nähe und Intimität.

4. Stufe: Einführen des Penis

Wenn ihr euch dazu bereit fühlt, könnt ihr – bevor ihr euch gegenseitig zum Orgasmus gebracht habt – zur Stufe vier übergehen. Nun darf der Penis in die Scheide eingeführt werden. Dies kann sowohl der Mann als auch die Frau übernehmen. Jedoch steht auch hier nicht die Stimulation im Vordergrund, also das übliche »Rein-raus-Spiel«. Vielmehr gilt es zu spüren, wie sich die Verbundenheit, wie sich der Penis in der Scheide anfühlt. In der Regel wird der Penis ohne Stimulation in der Scheide erschlaffen. Dann zieht ihn zurück, stimuliert ihn erneut und führt ihn im erigierten Zustand wieder ein. Im Anschluss an diese Übung könnt ihr euch – ohne Penetration – gegenseitig zum Höhepunkt bringen. Wie in jeder anderen Stufe ist es entscheidend, keinen Erfolgsdruck aufzubauen.

5. Stufe: sinnlicher Sex

Jetzt geht es zur Sache – aber langsam und mit Bedacht. Lasst den Penis immer wieder in die Scheide gleiten. Genießt die Penetration und Bewegung sowie die daraus resultierende Erregung. Legt nach drei bis fünf Bewegungen immer wieder eine Pause ein, lasst den Penis aus der Scheide gleiten und führt ihn dann erneut ein. Erkundet, welche Bewegungen lustvoll sind, welche Beckenstellungen sich gut anfühlen. Lasst euch Zeit, eilt dem Orgasmus nicht entgegen. Gern dürft ihr auch verschiedene Stellungen ausprobieren, wenn das von beiden Seiten gewünscht ist. Sprecht immer wieder über eure Empfindungen und Gefühle und vor allem genießt das Beisammensein und die neue Erfahrung.

Das Ende ist der Anfang – nehmt euch die Zeit, gemeinsam Nähe und Intimität des Zusammenseins zu genießen und ihr nachzuspüren. Haltet euch in den Armen, eng umschlungen oder gebt einander die Hand. Löst euch in achtsamer Dankbarkeit voneinander.

Die klassische Tantra-Massage

In ihrer erotischen Form wird die Massage zu einem ausgeprägten Vorspiel, sorgt für Anspannung, sexuelle Erregung und Lust. Sie vereint Körper und Geist auf einer neuen sexuellen Ebene und festigt mit ihrer Sinnlichkeit die Partnerschaft. Stellt euch vor, jede Stelle eures Körpers wird verwöhnt. Ihr spürt, wie die Lust in langsamen Wellen aufsteigt. Der Geist lässt sich durch nichts ablenken. Ihr verschwendet keinen Gedanken an Alltagssorgen, Leistungsdruck oder die Erwartungen anderer. Ihr lasst vollständig los, gebt euch vollkommen den Berührungen und Empfindungen hin. Ihr spürt, wie sich die Lust weiter aufbaut. Sie steigert sich so weit, dass der ganze Körper elektrisch kribbelt. Dann entlädt sie sich in einem explosiven Orgasmus, der euch von Kopf bis Fuß erbeben lässt.

Bei der Tantra-Massage wird der Körper zelebriert – in all seinen Regionen, vom Scheitel über den Po und den Schambereich bis hin zu den Füßen. Deshalb dauert sie in der Regel mindestens eineinhalb Stunden, sodass sich die Erregung langsam und mit Bedacht entwickeln kann. Dabei gilt: Je länger die Massage, desto tiefer die Entspannung. Bei der Tantra-Massage geht es also nicht darum, die Muskeln zu lockern. Verspannungen lösen kann die erotischste aller Massagen aber durchaus – und zwar solche von sexueller oder geistiger Natur. Und ja, es stimmt: Bei der Tantra-Massage werden auch die

Geschlechtsorgane nicht ausgespart. Das weibliche Geschlechtsorgan wird dabei liebevoll als Yoni, der Penis als Lingam bezeichnet. Leistungsdruck und Scham spielen hier keine Rolle. Bitte beachtet, dass die Massage nie bei den Geschlechtsorganen beginnt, sondern dort endet. Es geht in erster Linie darum, den Körper des Partners zu entdecken und zu verwöhnen – nicht, ihn zu stimulieren. Der Orgasmus wird zwar nicht abgeschnitten oder gar unterdrückt, er wird aber nicht provoziert. Das durch die Massage entstehende ganzkörperliche Lustempfinden wird im Tantra als Ekstase bezeichnet. Sollte sich also ein Orgasmus einstellen, wird dieser als rauschartiger Zustand mit Suchtpotenzial empfunden.

Habt ihr Lust bekommen, eure Sexualität durch dieses Liebesspiel zu bereichern? Dann aufgepasst, so geht's:

Die Vorbereitung:
Eine sinnliche Massage ist kein Quickie. Räumt euch also viel Zeit für euer Liebesspiel ein. Eliminiert zu Beginn alle Störquellen. Es gibt nichts Abtörnenderes als das permanente Piepsen des Handys, das Plappern des Fernsehers oder das Schreien von Kindern. Schafft eine romantische Atmosphäre mit Kerzenschein, sanfter

Musik und sinnlichen Gerüchen. Achtet auf eine angenehme Zimmertemperatur. Schließlich sollen euch die Berührungen und nicht die Kälte Schauer über den Rücken jagen. Auch euer eigenes Erscheinungsbild trägt zur erotischen Atmosphäre bei. Frauen haben mithilfe von Dessous weitaus mehr Möglichkeiten als Männer, aber auch diese punkten mit einem gepflegten Äußeren. Der Jogginganzug bleibt also heute im Schrank. Um die entspannte Atmosphäre nicht durch hektisches Suchen und Herumrennen zu stören, empfiehlt es sich, alle benötigten Dinge schon vorher bereitzustellen. Am wichtigsten ist das Massageöl. Öle mit erotischer Wirkung sind zum Beispiel Rosen-, Ingwer- oder Magnolienöl. Der Duft regt die Sinne an, entspannt die Muskulatur und lässt die Hände des Massierenden widerstandslos über die Haut des Partners gleiten. Für den Intimbereich verzichtet ihr besser auf Massageöl, da die Haut dort sehr empfindlich und somit schnell gereizt ist. Wenn ihr kein spezielles Intimöl besitzt, das auch für diese Regionen geeignet ist, benutzt einfach ein Gleitgel. Daneben benötigt ihr lediglich noch ein oder zwei flauschige Handtücher. Vorsichtshalber könnt ihr das Betttuch mit einem Badetuch oder einem zweiten Leintuch bedecken, um Ölflecken zu vermeiden.

Die Rollen während der Massage sind klar verteilt: Es gibt – wie schon beim Sensate Focus – einen gebenden und einen nehmenden Part. Der Empfänger der Massage berührt den Gebenden nicht, sondern gibt sich vollkommen seinen eigenen Empfindungen hin.

Der langsame Einstieg:
Kopf, Nacken und Rücken gehören zu den klassischen Massageregionen – sowohl bei Männern als auch bei Frauen. Daher eignen sie sich sehr gut für den Einstieg in eine erotische Massage. Beginnt also, den Kopf eures Partners zu massieren, und arbeitet euch mit sinnlichen und langsamen Berührungen entlang des Nackens über die Schulterpartie und die Arme bis zum Rücken vor. Vergesst die Vorderseite eures Gegenübers nicht, auch diese will achtsam berührt werden. Fokussiert euch während der Massage voll und ganz auf euren Partner, haltet permanent Körperkontakt, steckt in jede Berührung eure ganze Liebe und Aufmerksamkeit.

Mit der Massage des Pos verlasst ihr nun die Standardmassage und wendet euch den erogenen Zonen zu. Vorher solltet ihr jedoch auch den Füßen, Waden und Schienbeinen eures Gegenübers voller Hingabe begegnen. Sowohl der Po als auch die Oberschenkel, besonders ihre Innenseiten, sind sehr intim und empfindsam. Behutsame, sinnliche, kreisende Bewegungen tun an diesen Stellen besonders gut. Im nächsten Schritt dürft ihr nun auch die Geschlechtsorgane tantrisch verwöhnen.

Yoni-Massage – die tantrische Verwöhnung für die Vagina

Yoni ist das altindische Sanskrit-Wort für das weibliche Geschlecht. Spricht man von einer Yoni-Massage, meint man den Teil der tantrischen Massage, der mit sehr viel Achtsamkeit, Liebe und Respekt im weiblichen Intimbereich ausgeführt wird. Die Yoni, also die Vagina, gilt nach tantrischem Verständnis als heilig und hat zudem eine aufnehmende Natur. Man geht davon aus, dass Frauen sowohl positive als auch negative Erfahrungen und Energien über ihre Yoni aufnehmen und im Körper speichern, welche sich wiederum auf ihr Lustempfinden und Wohlgefühl auswirken. Bei der erotischen Massage der Yoni geht es wie bereits erwähnt weniger darum, der Frau einen Orgasmus zu bescheren. Vielmehr ist das Ziel, ihr Körpergefühl zu stärken und zu stimulieren, ihr damit ein positives Selbstwertgefühl zu vermitteln und ihr Wohlbefinden zu steigern.

Damit die Frau die vaginale Massage richtig genießen kann und sich der Beckenboden entspannt, sollte sie auf dem Rücken liegen, während der Partner zwischen ihren Beinen kniet. Die vaginale Massage ist somit der letzte Teil und damit Höhepunkt der tantrischen Massage.

Umkreise die Yoni: Nähere dich der Intimzone, indem du zunächst die Schenkelinnenseiten und den Venushügel streichelst und sanft knetest.

Leg die Hand auf: Die meisten Frauen lieben es, wenn der Mann seine Hand schützend auf die Vagina legt. Das entspannt und schafft Vertrauen.

Streichle die Vulva: Du regst die Durchblutung in der Yoni an, wenn du mit der flachen Hand mehrmals von unten nach oben streichst. Spätestens jetzt solltest du Gleitgel verwenden.

Spiel mit den Schamlippen: Die Schamlippen kannst du sanft mit Daumen und Zeigefinger massieren und langsam daran entlangfahren.

Aktiviere die Perle: Kreise sehr langsam mit den Fingerspitzen um den Kitzler. Tippe ihn an, als würdest du darauf mit zwei Fingern Klavier spielen.

Begrüße den Eingang: Berühre behutsam den Scheideneingang. Frag nach, bevor du in deine Partnerin eindringst. Wenn sie bereit ist, saugt sie deinen Finger wie von Zauberhand mit ihren Beckenbodenmuskeln ein.

Betrete den Tempel: Schiebe einen oder zwei Finger sanft und langsam in die Vagina. Im ersten Scheidendrittel befinden sich die meisten Nervenenden, verweile hier. Starte dann mit kleinen Kreisen entlang der Scheidenwand. Dringe mit jedem Kreis ein Stück weiter in die Yoni ein. So findest du bald den G-Punkt. Dort angelangt, bewege die Finger in einer Art »Komm her«-Bewegung. Kombiniere nun die G-Punkt-Massage mit einer sanften Berührung der Klitoris.

Lass ihr Zeit: Wenn deine Partnerin zum Orgasmus gekommen ist, solltest du die Finger ganz sanft zurückziehen und sie mit einem Tuch bedecken. Gib ihr Zeit und Raum, der intensiven Erfahrung nachzuspüren.

Welche Effekte hat eine Yoni-Massage?

Ziel der Yoni-Massage ist nicht etwa das kurzfristige Vergnügen. Von der Vaginamassage profitiert ihr beide langfristig:

- Weniger vorgetäuschte Orgasmen: Das Verwöhnen der Yoni trainiert die Orgasmusfähigkeit deiner Partnerin. Bei der Tantra-Massage lernt sie ihren Körper völlig neu kennen. Sie setzt sich intensiv mit ihren erogenen Zonen und ihren Empfindungen auseinander. Im besten Fall gelingt es ihr, sich völlig fallen zu lassen, ihrem Körper zu vertrauen und sich dir anzuvertrauen. Weil sie dabei nicht angespannt ist, erreicht sie leichter den Höhepunkt. Diese Fähigkeit zur Entspannung nimmt sie schließlich auch ins Liebesspiel mit dem Partner mit.

- Stress in der Beziehung nimmt ab: Bei der Tantra-Massage nehmt ihr euch viel Zeit füreinander. Das stärkt eure Partnerschaft und führt auch außerhalb des Bettes zu weniger Streit und Missverständnissen sowie einem liebevolleren und behutsameren Umgang miteinander.

- Die Frau ist glücklicher und aufgeschlossener: Eine Frau, die mit ihrer Sexualität im Reinen ist, hat mehr Spaß am Sex und fühlt sich wohler in ihrem Körper. Das trägt sie auch nach außen. Wenn eine Frau einmal überrascht war von den intensiven Erfahrungen bei einer Yoni-Massage, wird sie anderen sexuellen Abenteuern offener begegnen.

- Deiner Partnerin geht es körperlich besser: Eine Yoni-Massage kann eine heilsame Wirkung haben, Verspannungen lösen oder Menstruationsbeschwerden lindern.

- Häufiger und besserer Sex: Die Yoni-Massage ist – wie auch die Lingam-Massage – eine hocherotische Erfahrung, die nicht selten in einem ekstatischen Zustand endet – und der macht süchtig!

Lingam-Massage – die tantrische Verwöhnung für den Penis

Nicht nur Frauen können durch eine erotische Massage neue Dimensionen der Lust erfahren, dies gilt ebenso für Männer. Auch hier lehrt uns das Tantra, wie eine perfekte Lingam-Massage durchgeführt wird. Der männliche Intimbereich besteht nicht allein aus dem Penis – auch Hoden, Damm und Anus zählen dazu und werden bei einer professionellen Penismassage mit einbezogen. Wie bei der Yoni-Massage ist es nicht das Ziel, den Mann zum Höhepunkt zu bringen, sondern vielmehr, ihm über einen langen Zeitraum hinweg vollständige Lust, Entspannung und Wohlbefinden zu schenken.

Den Lingam erwecken: Bei dieser Technik wird der Penis an den äußeren Seiten mit den Fingern leicht gedrückt. Dabei beginnst du unten am Schaft und arbeitest dich wie auf einer Leiter nach oben bis zur Eichel vor. Verwende hierbei jeweils Daumen und Zeigefinger der rechten und linken Hand abwechselnd. Nach den Außenseiten nimmst du dir auch die Vorder- und Hinterseite des Penis vor. Dadurch sollen die Schwellkörper stimuliert werden.

Korkenzieher-Technik: Beim Korkenzieher massierst du mit einer Hand die Eichel in kreisenden, schraubenden Bewegungen, als wolltest du eine Flasche aufschrauben. Die andere Hand umfasst die Hoden und massiert sie im gleichen Rhythmus.

Der abstreifende Hodengriff: Nimm seine Hoden von unten in die Hand, mit der anderen umschließt du den Penis am Schaft und lässt deine Hände nach oben zur Eichel hingleiten, so als würdest du etwas abstreifen.

Die Ski-Langläuferin: Die eine Hand umfasst den Penis. Mit dem Daumen der anderen Hand gleitest du mit leichtem Druck nach oben – von der Peniswurzel bis hoch zur Eichel.

Das Frenulum begrüßen: Bekanntlich ist das Frenulum, das Penisbändchen an der Unterseite der

Eichel, eine besonders erogene Zone. Um sie zu aktivieren, legst du deine Hand um den Penisschaft, ganz nah an der Wurzel. Mit dem Zeigefinger der anderen Hand stimulierst du in kreisenden, sanften Bewegungen das Frenulum.

Das Qi des Lingams: Bei dieser Technik der Lingam-Massage legst du beide Hände um seinen Penis und fährst dann in ruhigen Bewegungen den Schaft auf und ab. Dabei machst du leichte Kreisbewegungen mit den Händen. Auch hier gilt: In der Ruhe liegt die Kraft. Es geht nicht darum, ihn kommen zu lassen, sondern eben darum, dass er noch nicht kommt. Also: langsam und soft.

Die Prostatamassage: Stimuliere den G-Punkt des Mannes: Bei einer Prostatamassage ist die Vorsteherdrüse des Mannes im Fokus. Damit unterscheidet sie sich von der reinen Penismassage, die vor allem Schaft und Eichel verwöhnt, und von der Lingam-Massage, die den gesamten männlichen Intimbereich im Blick hat. Die Prostatamassage ist sowohl indirekt durch eine Massage des Damms (Bereich zwischen Hodensack und Anus) möglich, als auch auf direktem Wege durch Einführen des Fingers in den Anus. Etwa fünf bis sieben Zentimeter hinter dem Anuseingang lässt sich eine weiche Kugel an der vorderen Darmwand ertasten. Diese gilt es nun, sinnlich zu stimulieren. Da diese Erhebung nicht sehr groß ist, bedarf es ein wenig Übung, sie zu ertasten. Nach dem Motto: »Wer suchet, der findet«, wirst du sicherlich erfolgreich sein und deinen Partner nach Herzenslust verwöhnen können.

Das Nachspiel: Jegliche Form der Tantra-Massage sollte mit einer Ruhephase enden. Zeit, um das Erlebte noch einmal Revue passieren zu lassen, gemeinsam darüber zu sprechen, welche Berührungen besonders gutgetan haben, was ihr bei der Massage empfunden habt. Gebt euch gegenseitig den nötigen Freiraum für all eure Gedanken und Gefühle. Das Glücksgefühl darf in den Alltag mitgenommen werden.

Exkurs: Yin und ang in Balance bringen

Wer kennt es nicht, das kleine runde schwarz-weiße Symbol aus der chinesischen Philosophie? Dabei steht dieses Zeichen im originären Sinne gar nicht für Yin und Yang als Ganzes, sondern verkörpert nur das individuelle Gleichgewicht der Kräfte. Der schwarze Bereich (Yin) steht dabei für Dunkelheit, Ruhe, passives Empfangen, das Weibliche und Weiche. Yang hingegen bedeutet Sonne bzw. Helligkeit und Wärme, aktives Geben und Männlichkeit. So lässt sich die Philosophie auch auf die Geschlechter und gleichsam auf die Liebe übertragen.

In der Liebe geben wir uns das Versprechen, füreinander da zu sein, einander zu stützen und zu schützen, einander zu lieben, in guten und in schlechten Zeiten. Wir haben uns füreinander entschieden, für ein gemeinsames Leben, weil wir ohneeinander nicht mehr sein können, weil wir ohne den anderen nicht vollständig sind, weil wir uns ergänzen in unseren Gegensätzen und anziehen in unseren Gemeinsamkeiten.

Wenn ihr so fühlt, dann habt ihr, ohne es zu wissen, die chinesische Philosophie schon verstanden und gelebt. Denn diese besagt, dass es immer zwei entgegengesetzte Kräfte gibt, die miteinander im Einklang stehen, so wie Himmel und Erde, Tag und Nacht, Ebbe und Flut. Alles auf der Welt hat einen notwendigen Gegenpol, beinah so wie jeder Topf, der sein passendes Deckelchen findet. Beide gegensätzlichen Kräfte wechseln sich laut der Yin-Yang-Philosophie zyklisch ab: Auf eine Hochphase folgt ein Tief, auf Bewegung folgt Ruhe und immer so fort. Das kennt ihr bestimmt auch aus dem eigenen Alltag: An einem Tag geht euch alles locker und leicht von der Hand, ihr sprüht vor Energie und nichts kann euch bremsen. Am nächsten Tag fühlt ihr euch matt und erschöpft, habt das Bedürfnis nach Ruhe und Erholung.

Mit Blick auf die Gegensätze, für die Yin und Yang stehen, wird häufig auch der Kontrast zwischen Frau (Yin) und Mann (Yang) thematisiert. Sie verfügen über unterschiedliche Polaritäten, die sich regelrecht magnetisch anziehen und ergänzen und somit eine sich gegenseitig stärkende Kraft bilden, zu einer Einheit verschmelzen.

Im Allgemeinen ist der Yang-Pol derjenige, der in Fülle und Liebe seine Geschenke geben, aktiv nach außen gehen und nähren möchte. Deshalb ist der Yang-Pol bei der Frau auch der Herzraum mit der Brust, der seine Wärme liebevoll schenkt und in materieller Hinsicht durch die Muttermilch nährt. Beim Mann hingegen gilt das Becken mit dem Penis als Yang-Pol, der seine kraftvolle Energie weitergibt. In materialisierter Form entstehen hier die Spermien, die in Verbindung mit einer Eizelle neues Leben zeugen.

Der Yin-Pol ist der Pol, der körperlich innen liegt und in Ruhe entspannt ist. Er wird im Gegensatz zu dem sehr schnell aktiven Yang-Pol langsam warm.

Bei der Frau liegt der Yin-Pol im Schoßraum, der ein bisschen Zeit braucht, um sich zu öffnen und zu empfangen. Der Yin-Pol des Mannes befindet sich im Herzraum, der sich bei ihm üblicherweise langsamer öffnet als bei der Frau. Bei den Yin-Polen heißt das Zauberwort »Langsamkeit«.

Auf Gefühlsebene braucht der Mann die liebevolle Geduld der Frau, bis er sich öffnen und in seinen Gefühlen mitteilen kann. Auf sexueller Ebene braucht die Frau Langsamkeit, damit sich ihre Yoni auf das Empfangen vorbereiten kann. Wenn die sexuelle Intimität zuerst langsam beginnt (wir erinnern uns an das Thema Achtsamkeit und blicken voraus auf das Kapitel Slow Sex), können beide Partner intensiver fühlen und sich voll und ganz hingeben.

Durch unseren Lebenswandel sind wir alle – egal ob Mann oder Frau – permanent aktiv und damit im Yang, unserer männlichen Energie. Wir denken, planen, konzipieren. Viel zu selten aktivieren wir unseren Yin-Modus, unsere weibliche Energie, lassen los, geben uns hin. Dabei ist es so wichtig, dass wir unser Yin und Yang in Balance, in Einklang bringen.

Leider werden wir im Alltag der chinesischen Philosophie nicht immer gerecht. Gerade von Frauen wird oft erwartet, dass sie ihr Yin zurückschrauben, rational statt emotional wirken, die Intuition hintanstellen. Infolgedessen verkümmert das Yin durch Mangelernährung und das weibliche Yang tritt in den Vordergrund. Diese Polverschiebung hat weitreichende Auswirkungen auf unser Privatleben. Denn das weibliche Yang trifft dann auf das männliche Yang, sozusagen Pluspol auf Pluspol, was zu einem Mangel gegenseitiger Anziehungskraft führt. Treffen Mann und Frau mit demselben energetischen Muster (Yang/Pluspol) aufeinander, dann fühlen oder (er)leben wir das, was wir als »wie beste Freunde« oder »wie Bruder und Schwester« bezeichnen.

Achtsamkeit und Slow Sex nähren unser Yin. Der Austausch von bewusster und ruhiger Zärtlichkeit, der achtsame Umgang miteinander sorgt dafür, dass das »Kuschelhormon« Oxytocin freigesetzt wird. Dieses stärkt unser Yin, ist sozusagen Wellness für Körper und Seele, versetzt uns in den empfänglichen Modus. Praktiziert diese tiefe und innige Verbundenheit, schöpft Kraft aus der Langsamkeit, der Intensität der Intimität und stellt somit das Gleichgewicht eurer Pole wieder her. Dann werdet ihr die Erfüllung und Ruhe finden, nach der ihr strebt – versprochen!

Slow Sex – eine Variante sexueller Achtsamkeit

Was ist Slow Sex?

Der Begriff Slow Sex wurde von der Afrikanerin Diana Richardson geprägt, die ihr Leben der Kunst des »Sich-Nahe-Seins« in Form von Tantra-Massagen widmet. Gemeinsam mit ihrem Mann unterrichtet sie seit Jahren den »neuen Stil zu lieben«. Slow Sex wird häufig als Genießer-Sex bezeichnen, Sex ohne Druck und Stress. Slow bezieht sich dabei nicht auf die Geschwindigkeit, sondern auf die bedachte, bewusste sexuelle Begegnung. Es geht darum, sich seinem Partner bedingungslos hinzugeben und zusammen durch Aufmerksamkeit und Beobachtung neue Lustpunkte zu finden. Das völlige Loslassen, um den eigenen Körper wieder wahrzunehmen und Gefühle zuzulassen, steht dabei im Fokus.

Präsent zu sein, sich nicht auf eine Fantasie, sondern auf das Hier und Jetzt, auf die eigenen Gefühle und Empfindungen zu konzentrieren, ist wohl mit das Wichtigste und gleichzeitig das Schwierigste an der ganzen Geschichte. Wenn ihr es dennoch schafft, euch völlig zu entspannen, dabei bewusst zu atmen und in den eigenen Körper hineinzuhorchen, könnt ihr nach einiger Zeit ganz feine Energieströme wahrnehmen und den Sex somit noch einmal neu, auf eine ganz andere Art und Weise kennen und erleben lernen. Diese Achtsamkeit beim Sex sorgt für eine tiefe, liebevolle Vereinigung und Verbundenheit. Langsam zu genießen, statt Richtung Orgasmus zu hetzen – das ist die Devise! Dabei ist der Weg das Ziel, jeden Moment, jede Berührung auszukosten, neue Lustpunkte zu entdecken, intensives Kribbeln und tiefe Gefühle zu entwickeln. Somit scheint Slow Sex auf den ersten Blick ganz anders zu sein als die Sexualität, die wir bisher gelebt haben. Denn das, worauf unser Sex vor allem ausgerichtet ist – schnelle, gierige Bewegungen, permanente Erregungssteigerung mit dem Ziel, schnell zum Orgasmus zu kommen – entfällt. Achtsamkeit, Entspannung und Absichtslosigkeit rücken in den Fokus. Der Faktor Zeit ist essenziell – Zeit, sich anzunähern, sich gegenseitig zu berühren, gemeinsam zu genießen, sich hinzugeben. Dadurch, dass Erektion und Orgasmus nicht länger im Mittelpunkt des Geschehens stehen, ist es leichter, sich auf einer sinnlichen Ebene viel näher zu sein, als dies bis dahin meist der Fall gewesen ist, und eine ganz neue Form der Intimität und sexuellen Offenheit zu erfahren. Das bedeutet natürlich nicht, dass eure bisherige Sexualität qualitativ schlecht war und ihr zukünftig darauf verzichten sollt, sondern dass der genussvolle, langsame Sex euer Liebesleben additiv bereichern kann. Menschen, die Slow Sex praktizieren, lernen eine neue Form der Kommunikation kennen, schärfen ihre Sinne und erleben sexuelle Hingabe ohne Forderungen. Ganz bei sich bleiben dürfen, die sexuelle Energie im ganzen Körper spüren, dem gegenwärtigen Moment und der eigenen Wahrnehmung die volle Aufmerksamkeit schenken – das ist Slow Sex.

Wie wir in den vergangenen Kapiteln erfahren haben, stellt das »Ganz-bei-sich-Bleiben« auch gleichzeitig die größte Herausforderung dar. Meist sind wir beim Sex nicht auf uns, sondern vor allem auf unser Gegenüber fokussiert. »Mache ich alles richtig?« –»Wie kann ich meinem Partner sexuelle Lust bereiten?« – »Gefällt meinem Partner, was ich tue?« sind Fragen, die wir uns während des sexuellen Aktes häufig stellen. Wir genießen nicht den Augenblick, sondern planen schon den nächsten Schritt, wollen es dem anderen recht machen, alles richtig machen, ohne auf unsere eigenen Bedürfnisse zu achten. Gleichzeitig versuchen wir, unserem Partner permanent Feedback zu geben, um ihn im dem, was er tut, sicher zu wiegen und zu bestätigen. Wir denken also, anstatt zu fühlen.

Zudem erliegen wir dem Irrglauben, Lust müsse sich immer spontan einstellen. Das ist besonders bei Paaren so, die schon länger zusammen sind. Zu Beginn einer Beziehung scheint die Lust immer und überall aufzukeimen. Wenn wir diese Aussage genauer betrachten, entspricht sie aber nicht der Wahrheit. Denn im Kopf haben wir die Lust schon bei all unseren Vorbereitungen langsam wachsen lassen. Mit der Vorstellung im Kopf, abends Sex zu haben, haben wir uns schon morgens ausgiebig rasiert, passende Dessous und Kleidung ausgewählt, evtl. einen Tisch im Restaurant reserviert – mit dem Wissen, den letzten Absacker im heimischen Wohnzimmer zu nehmen, um dann übereinander herzufallen. Die Vorfreude hat die Lust immer größer werden lassen. Sie wurde über Stunden aufgebaut und ist nicht etwa spontan beim letzten Glas Wein aufgekeimt. In späteren Jahren fehlen häufig der Platz und die Zeit für sinnliche Gedanken und ausschweifende erotische Tagträume. Und so stehen wir vor der Herausforderung, dass sich Lust eben nicht aus dem Nichts entwickelt. Warum sich also nicht einfach für intime Zweisamkeit verabreden und sich davon überraschen lassen, wie sich die Lust beim Tun langsam aufbaut?

Slow Sex hat zudem positive Auswirkungen auf die Qualität eurer Beziehung. Die emotionale Bindung in der Partnerschaft wird gestärkt. Frauen spüren diese Veränderung eventuell intensiver, da sie meist ein stärkeres Bedürfnis nach Innigkeit und Zärtlichkeit verspüren. Die Liebe des Partners kann deutlicher wahrgenommen werden, die Beziehung wird wieder harmonischer und vor allem erfüllender. Dadurch entstehen mehr Vertrauen, Harmonie, Verbindung, Intimität und Geborgenheit. Das Gefühl, im eigenen Körper angekommen zu sein, führt zudem zu einer gesteigerten Selbstliebe. Ihr könnt euch wieder als Mann und Frau im eigenen Körper wahr- und annehmen und dieses Gefühl auch weitergeben.

Die vier Elemente des Slow Sex

Slow Sex ist ein harmonisches Zusammenspiel aus Bewusstseinsänderung, Entspannung, Achtsamkeit und Kommunikation. Wenn ihr diesem Prinzip folgt, könnt ihr jede erotische Begegnung zu einer wunderbaren Erfahrung werden lassen, Nähe und Intimität genießen.

Bewusstseinsänderung:
Die Grundvoraussetzung zur Ausübung von Slow Sex ist eine Bewusstseinsänderung, ein Wandel hinsichtlich der manifestierten Vorstellungen über die Erwartungen an unser Liebesleben. Folglich ist Slow Sex keine Sexualtechnik oder Praktik im eigentlichen Sinne, sondern eine neue Wahrnehmung der Sexualität und der Verbundenheit im Allgemeinen. Denn Sex ist mehr als pure Körperlichkeit, vielmehr ein energetischer Austausch. Orgasmisch sein, anstatt einen einzigen Orgasmus zu haben, dabei Energie und Lebendigkeit sammeln, anstatt sie explosiv zu entladen – das ist die Maxime. Slow Sex ermöglicht es uns, Ganzkörperorgasmen ohne Penetration zu erleben.

Des Weiteren müssen wir uns von dem Gedanken verabschieden, dass unser Partner dafür verantwortlich ist, uns Lust zu bereiten. Sexueller Genuss findet in uns persönlich statt und jeder von uns muss sich dafür öffnen. Slow Sex ist also eine geistige Neuorientierung.

Entspannung und Absichtslosigkeit:
Langsamkeit ist, wie das Wort »Slow« schon sagt, ein entscheidendes Element in dieser Liebespraxis. Aber Langsamkeit ist nur im Gefühlszustand der Entspannung möglich. Seltsamerweise erleben wir Sex aber

vorwiegend unter Anspannung, nämlich in einem hohen Erregungszustand, gepaart mit schnellem Atem, lautem Stöhnen und nahezu hektischen Bewegungen. Also genau das Gegenteil von dem, was wir Entspannung nennen. Schneller und heißer Sex ist natürlich nicht zu verachten und hat selbstverständlich auch seine Daseinsberechtigung, allerdings desensibilisiert uns dieser für die feinen Nuancen der Empfindung. Entspannung bedeutet in diesem Kontext: sich ohne Erwartungshaltung, Hektik und Stress auf den Augenblick einzulassen, sich gehen zu lassen, sich hinzugeben, sich auf seine eigenen Empfindungen, auf jede Berührung zu konzentrieren. Die Welle der Ekstase zu reiten, statt sich explosionsartig im Höhepunkt zu entladen.

Wenn wir beim Sex ein Ziel verfolgen, engen wir unsere Sicht und somit unsere Erfahrungs- und Erlebniswelt ein. Beim Slow Sex sollt ihr intuitiv das tun, was euch gerade in diesem Moment gefällt, ohne dabei eine Absicht oder ein Ziel zu verfolgen oder eine Reaktion hervorrufen zu wollen. Wenn ihr eurer Lust selbstbestimmt folgt, könnt ihr besser entspannen und gleichzeitig selbstlos Verantwortung abgeben und spielerisch zur Leichtigkeit zurückfinden. »Lust zwanglos neu entdecken und neu erforschen«, ist der vielversprechende Leitsatz.

Achtsamkeit:
Entspannung ist ganz eng mit Achtsamkeit verknüpft. Achtsam gegenüber sich selbst zu sein, bedeutet eine Intensivierung dessen, was in jenem Moment der Verbundenheit mit dem eigenen Körper passiert. Gleichzeitig ist es die volle Aufmerksamkeit für jede sinnliche Berührung, jede noch so kleine Streicheleinheit, die man selbst dem Partner schenkt. Sich selbst in dem anderen zu erleben, ist einfach fantastisch.

Aus der Meditationspraxis wissen wir, dass die Energie dorthin fließt, wo unsere Aufmerksamkeit ist. Wenn wir uns darüber im Klaren sind, dass beim Liebesspiel sehr viel sexuelle Energie fließt, deren Fluss wir mit unseren Händen und der entsprechenden Aufmerksamkeit beeinflussen können, sind ganz neue Dimensionen der Begegnung denkbar. Es entsteht also eine Verbindung zwischen Herz und Sexualität, ein Einklang zwischen Körper und Geist.

Kommunikation:
Jeder, ob Mann oder Frau, ist für sein Lustempfinden selbst verantwortlich. Schon allein deshalb ist Kommunikation ein wesentliches Element für ein erfülltes Sexualleben. Wir müssen unsere Scham ablegen und unsere Wünsche und Vorstellungen offen und frei

formulieren, Erlebnisse, Gefühle und Empfindungen gemeinsam aus- und besprechen. Das Reden über Sex ist mitunter intimer als der Akt selbst, weil wir uns verbal offenbaren, quasi einen Seelenstrip hinlegen. Es braucht nicht immer die große Rede, es genügen schon wenige Worte, um dem Partner zu sagen, was wir fühlen, was uns guttut oder was wir uns wünschen. (Anmerkung: Weil dieses Thema für ein erfülltes Sexualleben überaus bedeutsam ist, habe ich ihm ein komplettes Kapitel gewidmet.)

Warum Slow Sex?

In der heutigen Gesellschaft ist der Erwartungsdruck unendlich groß. Leistungsdruck und Zielorientierung prägen unser Leben. »Höher, schneller, weiter!« ist die Devise, der wir folgen. Zudem werden unsere Sinne – egal, ob beim Einkaufen, Fernsehen oder unterwegs – dauerhaft reizüberflutet. Ständig wird versucht, mit Sex und Erotik unsere Aufmerksamkeit zu erregen, denn es gilt: »Sex sells!«. Und trotzdem sind viele Menschen mit ihrer Sexualität unzufrieden. Sobald der Sex einschläft, sind wir frustriert und stecken den Kopf in den Sand, vergessen, dass eine erfüllte Beziehung, guter Sex und der Erhalt von

Leidenschaft und Zärtlichkeiten manchmal auch Arbeit bedeuten. Wir investieren viel Energie in unsere Bildung, in unseren Job, die Karriereplanung und Co., haben aber keine Kraft, um einen Beitrag zu unserer Beziehung zu leisten?

Doch langsam erfahren wir eine Kehrtwende in unserer Gedankenwelt. »Work-Life-Balance« ist das neue Stichwort, das sich in unser Leben geschlichen hat und eine Balance zwischen Beruf und Privatleben fordert. Wir versuchen, wieder einen Gang runterzuschalten, machen Yoga und Entspannungstraining, um Stress abzubauen und wieder zu uns selbst zu finden. Nur beim Sex ist dieses Gedankengut noch nicht angekommen. Hier folgen wir weiter unserer jahrelang erarbeiteten sexuellen Konditionierung. Folglich werden wir immer tauber, unsensibler und verspannter, weil wir entweder übererregt sind oder permanent unter Druck stehen. Diese innere Haltung bringt eine ungesunde Anspannung ins Liebesspiel, wo es doch eigentlich Entspannung braucht, um Erregung aufzubauen. Bleibt nun die vaginale Feuchtigkeit aus, ist die Erektion nicht standhaft genug oder kommt es nicht zum Orgasmus, ist die Verzweiflung plötzlich groß. Dabei richten wir unser Augenmerk immer auf die Penetration, das Spiel zwischen Penis und Scheide, das Raus und Rein. Es müssen immer neue Stellungen und aufregendere Techniken her, um den Höhepunkt noch ultimativer zu gestalten. Der Orgasmus wird damit zum Gradmesser sexueller Erfüllung und erotischer Fertigkeit. Wir rennen einer Begierde hinterher, die wir kaum noch stillen können. Leichtigkeit, Genuss, Spüren und Empfinden bleiben dabei auf der Strecke. Wir vergessen, dass Sex eigentlich ein ganz anderes Ziel verfolgt, nämlich gemeinsam die tiefe Verbundenheit zu spüren, die Beziehung und Liebe ausmacht. Wir brauchen also auch beim Sex ab und zu ein bisschen Entschleunigung. Wir brauchen Slow Sex in unseren Schlafzimmern!

Für wen ist Slow Sex geeignet?

Slow Sex ist für alle Menschen geeignet, die sich danach sehnen, Nähe, Verbindung, Intimität und Geborgenheit mit ihrem Partner zu erleben. Des Weiteren kann Slow Sex die Lösung vieler sexueller Problemstellungen oder Schwierigkeiten in der Partnerschaft sein.

Falls ihr euch in folgenden Szenarien wiedererkennt, seid ihr beim Slow Sex völlig richtig:

- Du kommst zu früh oder gar nicht zum Orgasmus und all deine Bemühungen, das zu ändern, waren bis jetzt nicht von Erfolg gekrönt. Sex ist deshalb für dich eher eine Herausforderung als ein Genuss.

- Euer Sexleben ist eingeschlafen, ihr seid routiniert in euren Abläufen und festgefahren in den immer gleichen Berührungen. Du weißt schon zu Beginn der Annäherung, was als Nächstes passieren wird, und fühlst deshalb auch keine starke Erregung mehr.

- Du hast die innige Verbindung zu deinem Partner verloren, eure Liebe ist weder im Alltag noch in der Kommunikation und schon gar nicht beim Sex spürbar.

- Du fühlst dich zu gestresst, zu erschöpft und zu ausgelaugt, um dich auf Sex einlassen zu können oder überhaupt Lust zu bekommen.

- Der Erfolgs- und Performancedruck sorgt dafür, dass du keine Erektion hast oder deine Scheide nicht ausreichend feucht wird.

- Du brauchst erotische Fantasien, um Erregung zu verspüren, fühlst dich vom Körper deines Partners nicht mehr ausreichend angezogen.

- Dir fehlen beim Sex Nähe und Romantik.

- Du kannst dich nicht fallen lassen, kannst nicht fokussiert bei der Sache bleiben.

Aber auch alle Paare, die mit ihrem Sexleben völlig zufrieden sind, können Slow Sex als Variante in ihr Liebesleben integrieren. Denn das Wunderbare am Sex ist, dass wir gemeinsam immer neue Seiten, neue Richtungen und neue Erfahrungen ausprobieren und erleben können.

Für ältere Paare bietet Slow Sex ebenfalls einen neuen Weg der Erotik. Ab einem gewissen Alter verändert sich der menschliche Körper. Diese Veränderungen gehen mit dem ein oder anderen Problemchen einher, bei dem diese Form der Zusammenkunft Abhilfe schaffen kann. Männer leiden mit zunehmendem Alter nicht selten unter Erektionsstörungen, sie brauchen mehr Stimulation und Aufmerksamkeit. Ebenso sind körperliche und auch seelische Veränderungen bei Frauen, die mit den Wechseljahren einhergehen, nicht zu unterschätzen. Mangelnde vaginale Feuchtigkeit spielt im Sexleben plötzlich eine große Rolle. Doch diese Veränderungen bieten die Chance, die Sexualität gemeinsam noch einmal neu und aus einer anderen Perspektive zu entdecken und somit die intensivste Art der Intimität zu genießen.

Für manche Männer mag es den Anschein haben, Slow Sex wäre nur ein Thema für Frauen. Schon allein das Wort »langsam« macht sie nervös und löst wenig Euphorie in ihnen aus. Liegen, abwarten und fühlen – Dinge, die sie bisher mit Sex nicht in Verbindung gebracht haben. Aber weit gefehlt – auch Männer kommen beim Slow Sex auf ihre Kosten. Schon allein aus dem Grund, weil sie nicht wie eine Sexmaschine funktionieren müssen, sondern sich endlich einmal voll und ganz gehen lassen können.

Auch wenn Männer es niemals zugeben würden, aber in deutschen Betten herrscht zunehmend sexuelle Flaute. Und dabei sind es nicht immer nur Frauen, die der Unlust erliegen. »Männer können immer! Männer wollen immer!« Dieses weitverbreitete Motto ist ein Trugschluss, entspricht schlicht und ergreifend nicht der Wahrheit. Leider übt diese Stammtischparole einen nicht zu unterschätzenden Leistungsdruck aus. Oder fühlt sich ein Mann noch als Mann, wenn er es seiner Frau nicht richtig besorgen kann? Wir reden nicht darüber, aber jeder fünfte Mann kennt das Gefühl, zu früh zum Orgasmus zu kommen. Andere können den Höhepunkt nicht oder nur selten in ihrer Partnerin erleben und wieder andere kämpfen mit zunehmenden Erektionsproblemen. Wenn beim Slow Sex nun die Penetration und der daraus resultierende Höhepunkt nicht mehr im Zentrum des Geschehens stehen, nehmen wir im wahrsten Sinne des Wortes den Druck aus der sexuellen Begegnung. Durch diese geistige Neuorientierung, den verlagerten Fokus erlernt Mann, die sexuelle Energie wieder über eine längere Zeit zu halten und selbst zu entscheiden, wann und ob er ejakulieren möchte. Männer erlangen demnach die Kontrolle über ihre Lust zurück und überlassen es nicht länger dem Penis als eigenen Charakter, den Liebesakt zu steuern.

Slow Sex ist also ein Hochgenuss – für beide Geschlechter!

Was braucht man für Slow Sex?

Für Slow Sex braucht ihr kein Equipment, keine Erfahrung, weder ein spezielles Talent noch besondere körperliche Fitness. Denn Slow Sex verzichtet auf sportliche Verrenkungen, sondern baut auf Nähe und Innigkeit und somit auf langsame, intensive, sinnliche Berührungen. Für diese besondere Art der Begegnung benötigt ihr weder eine Grunderregung – denn diese baut sich während eurer Zusammenkunft langsam auf – noch eine Erektion oder eine feuchte Scheide. Erektionspausen sind sogar ausdrücklich erwünscht, schließlich könnt ihr die tiefe Verbundenheit über Stunden praktizieren und genießen. Das, was es bedarf, ist Zeit für diese ganze spezielle Art der Zweisamkeit und die gemeinsame Bereitschaft, sich auf das Abenteuer einzulassen. Denn bei eurer sinnlich-erotischen Entdeckungsreise werdet ihr unbekanntes Terrain betreten, einen neuen Weg der Sexualität einschlagen, euren Liebesakt völlig neu gestalten und erleben.

Habt ihr Lust, euch diesem Experiment hinzugeben?

Wie funktioniert Slow Sex?

Wie in der Liebe, so gibt es auch beim Slow Sex keine perfekte Anleitung, kein Richtig oder Falsch. Ihr dürft euch lediglich zu Beginn von euren alten sexuellen Mustern lösen und damit euren gemeinsamen neuen erotischen Weg ebnen. Da eure Gewohnheiten euch stets einen sicheren Rahmen geboten haben, kann dieser Schritt schon ein wenig Aufregung hervorrufen. Lasst euch davon nicht irritieren, sondern freut euch auf das unbekannte Erlebnis. Vergesst nie: Der Weg ist das Ziel. Kostet jeden Moment, jede Berührung aus, seid achtsam miteinander und mit euch selbst. Baut keinen Druck auf, sondern erlernt dieses Liebesspiel langsam und gemeinsam. Sollte etwas nicht gleich funktionieren – lasst euch nicht entmutigen, sondern fahrt einfach fort.

Nehmt euch ausreichend Zeit für euer Slow-Sexperiment. Für die sinnliche Begegnung solltet ihr mindestens eine, wer länger genießen will, bis zu drei Stunden einplanen.

Schon bei der Vorbereitung erfahrt ihr den ersten Unterschied zu eurem bisherigen Sexleben. Slow Sex wird zum nachmittagfüllenden Ereignis. Ihr nehmt euch bewusst Zeit füreinander – Zeit, in der ihr euch achtsam begegnen wollt, Zeit, die ihr euch gegenseitig widmet, Zeit für tiefe Verbundenheit und intensive Intimität.

Schafft nun eine angenehme und vertraute Atmosphäre, in der ihr euch beide wohlfühlt, in der ihr entspannen und loslassen könnt. Entkleidet euch vollständig und legt euch nackt nebeneinander. Seid fokussiert auf das Hier und Jetzt, nichts kann euch mehr ablenken oder stören. Lasst euch ein auf die Begegnung und kommt in ihr an. Genießt die Gegenwart eures Partners, spürt seine Wärme, atmet seinen Duft ein, beobachtet seine Atmung, lauscht auf das Pochen des Herzens.

Eure sinnliche Entdeckungsreise beginnt mit tiefen und innigen Blicken. Schaut euch ganz genau an, nehmt einander mit allen Sinnen wahr, liebkost euch mit Blicken, schenkt euch Liebe und Zuneigung und vielleicht auch einen erotischen Augenaufschlag oder ein neckisches Lächeln. Sprecht offen und ehrlich miteinander, beschreibt, was ihr wahrnehmt, wie ihr euch fühlt, was ihr empfindet, flüstert euch zärtliche Komplimente ins Ohr.

Beginnt dann, euch hingebungsvoll zu streicheln, den Körper des Partners zu liebkosen, einander nahezukommen mit zärtlichen und vorsichtigen Küssen, mit langsamen Bewegungen. Führt jede Berührung bewusst aus und so, als würdet ihr den Körper eures Partners das erste Mal berühren. Haltet immer wieder inne, schaut euch an, atmet tief in den Bauch, spürt den Berührungen nach. Denn wer sich auf seine Atmung konzentriert, ist fokussierter auf den

Moment und kann sich somit leichter fallen lassen. Beim Slow Sex bleibt kein Körperteil Unliebkost. Die klassischen erogenen Zonen könnt ihr vorerst aussparen bzw. ihnen weniger Beachtung schenken. Verändert euer Bewusstsein. Genießt den Weg, ohne das Ziel permanent vor Augen zu haben. Lasst euch von nichts ablenken, bleibt ganz bei euch, Außengeräusche und andere Gedanken haben nun keinen Platz. Geht achtsam mit euch selbst um und schenkt die gleiche Achtsamkeit eurem Partner. Wenn ihr Berührungen bewusster ausführt und die geschenkten Berührungen bewusster wahrnehmt, tendiert ihr ganz automatisch dazu, langsamer zu werden. Und wenn ihr langsamer werdet, werdet ihr gleichzeitig sensibler in euren Empfindungen und seid in der Lage, mehr zu fühlen.

Steigert dann die Liebkosungen, allerdings nicht in der Schnelligkeit, sondern in der Intensität. Vorher vernachlässigte, primäre erogene Zonen dürfen nun zärtlich berührt werden. Lasst euch Zeit und genießt das Gefühl, dass ihr euch ganz nah seid. Steigert die Lust langsam. Die sinnliche Begegnung darf stundenlang dauern, Erektionspausen sind dabei nahezu vorausgesetzt. Frauen haben gelegentlich das Problem, dass beim langsamen Erkunden des Körpers ein Schamgefühl einsetzt. Seid euch sicher: Dieses wird bald verloren gehen und ihr werdet ein ganz neues erotisches Wohlbefinden im Einklang mit dem eigenen Körper erleben. Männer hingegen sehen sich eher mit der Schwierigkeit konfrontiert, ihren Orgasmus zu kontrollieren und hinauszuzögern. Sollte sich die Erregung doch einmal zu schnell steigern, könnt ihr mit einem einfachen Trick die Notbremse ziehen. Drückt man mit dem Finger auf den Punkt zwischen Peniswurzel und Anus, so lässt sich der Orgasmus stoppen. Außerdem hilft tiefes und ruhiges Atmen sowie eine entspannte Beckenbodenmuskulatur bei der Ejakulationskontrolle.

Ihr werdet spüren, wann die Zeit gekommen ist, den Penis langsam und mit viel Aufmerksamkeit in die Scheide einzuführen. Das Eindringen heißt beim Slow Sex »sich verbinden«. Im Gegensatz zum herkömmlichen Sex braucht der Penis nicht erigiert zu sein und auch die sonst erforderliche erhöhte Feuchtigkeit der Vagina ist nicht notwendig. Im Moment der Vereinigung geht es nicht um Erregung, sondern um die innige sexuelle Verbindung. Genießt das Gefühl, ineinander zu sein. Heftiges Zustoßen ist tabu. Bewegt euch langsam, findet einen gemeinsamen Rhythmus, legt immer wieder Pausen ein, spürt die Verbindung, das Verschmelzen eurer Körper. Lasst die Bewegungen einfach geschehen, plant sie nicht, kontrolliert sie nicht. Das Herz und der Körper übernehmen die Führung, der Kopf bleibt ausgeschaltet. Folgt euren Impulsen. Fühlt, wie sich die Erregung immer weiter aufbaut. Genießt dieses energiegeladene, ekstatische Gefühl, spürt das Kribbeln in eurem ganzen Körper, fühlt die Liebe und Leidenschaft, die sich in euch ausbreitet.

Auch wenn es beim Slow Sex primär gar nicht um den Orgasmus geht, darf natürlich auch dieser Liebesakt mit einem Höhepunkt abgeschlossen werden. Durch das lange Hinauszögern und das innige Liebesspiel kann dieser intensiver ausfallen als das, was ihr bisher erlebt habt. Wenn ihr Orgasmusschwierigkeiten habt, nehmt einfach die Intensität der Begegnung wahr, erfreut euch am Prickeln auf der Haut, der ausströmenden Wärme in eurem Körper. Denn diese Gefühle und Empfindungen gelten im Slow Sex auch als Höhepunkt.

Slow-Sex-Stellungen

Für den perfekten Slow Sex gibt es Stellungen, in denen ihr den Höhepunkt besonders intensiv hinauszögern könnt und gleichzeitig eure Verbindung stärkt. Sie sind vor allem auf Intimität, Nähe und Sinnlichkeit ausgerichtet. Schließlich heißt es auch hier: langsam genießen, statt schnell zur Sache kommen. Häufige Stellungswechsel und körperliche Verrenkungen werden durch Bequemlichkeit und Entspannung ersetzt. Gebt euch einander vollkommen hin und lasst euch von euren Emotionen leiten.

Missionarsstellung

Die Missionarsstellung ist wohl jedem ein Begriff und gehört nicht umsonst zu den beliebtesten Sexstellungen der Deutschen. Denn es gibt kaum eine Position, bei der ihr euch so nahe seid. Ihr könnt euch gegenseitig in die Augen schauen, küssen, eng umschlugen den Rücken und den Po des Partners streicheln. Zudem ist sie sehr bequem und Frau kann sich ganz auf den Akt und das schöne Gefühl konzentrieren.

Der bestürzte Engel

Der bestürzte Engel ist eine Löffelchenstellung, bei der die Frau seitlich mit angewinkelten Beinen vor dem Mann liegt. Der Mann bestimmt dabei das Tempo, die Frau kann gemütlich liegen und genießen. Besonders schön: In dieser Position kann der Partner wunderbar von hinten in die Frau eindringen, ihre Brüste massieren und ihren Hals liebkosen.

Zen-Pause (seitlich)

Die Zen-Pause ist eine Ruheposition mit ganz viel Nähe und Körperkontakt. Beide Liebenden legen sich einander zugewandt auf die Seite. Idealerweise bleibt der Mann währenddessen die ganze Zeit in der Frau. Die Frau legt ihr Bein über die Hüften des Mannes. Diese Kamasutra-Stellung bietet viel Platz für Romantik und Streicheleinheiten und ganz nebenbei stimuliert sie die Klitoris auf eine intensive Art und Weise.

Scherenposition

Die Scherenposition wird häufig im lesbischen Sex praktiziert, ist allerdings zeitgleich auch die beste Stellung zum Einführen des nicht erigierten Glieds. Sie liegt auf dem Rücken, er liegt ihr zugewandt seitlich neben ihr. Eure Genitalien treffen sich in der Mitte. Verschlingt nun die Beine scherenartig ineinander. Gern könnt ihr euch mit Kissen abstützen, um besonders komfortabel und ohne Anstrengung in der Position zu verharren. Die Bewegung kommt nun vorwiegend aus Hüfte und Beinen. Die Hände sind dabei frei und können für allerlei Zärtlichkeiten und Liebkosungen eingesetzt werden. Aus zwei Körpern wird in dieser Position einer – ihr verschmelzt miteinander in tiefer Verbundenheit.

Die entspannte Reiterin

Bei der entspannten Reiterin übernimmt die Frau den aktiven Part, aber auch der Mann kann durch Hüftbewegungen die Intensität der Begegnung beeinflussen. Die Frau liegt dabei mit ausgestreckten oder angewinkelten Beinen auf dem Mann. Auch diese Position bietet viel Raum für eine intensive und langsame Bewegung.

Orgasmic Meditation

Diese Technik richtet sich vor allem an Frauen, die ihr Selbstbewusstsein stärken oder lernen wollen, den Kopf beim Liebesspiel abzuschalten. Dabei legt sich die Frau in ein weiches Nest aus Kissen. Der Partner streichelt die Klitoris der Partnerin für ganze fünfzehn Minuten, ohne ein anderes Ziel zu verfolgen, als zu spüren und im Moment präsent zu sein. Dabei beschreibt er genau, was er sieht und was in ihm vorgeht.

Nach dem Sex

Nach dem Sex ist vor dem Sex. Nehmt euch nun die Zeit, euren Empfindungen nachzuspüren, die Energie im ganzen Körper zu fühlen. Verweilt miteinander. Bedankt euch beieinander für das wunderschöne Erlebnis und trennt euch dann in Achtsamkeit. Nehmt das warme Gefühl mit in den Tag.

Sexuelle Kommunikation – das Fundament für ein erfülltes Liebesleben

Liebe ist eines der essenziellsten Themen in unserem Leben. Ob in Filmen, Büchern oder Gesprächen, sie begegnet uns immer wieder in all ihren Variationen und Möglichkeiten. Wir lieben es – im wahrsten Sinne des Wortes –, über die Liebe zu sprechen, ihr Ausdruck zu verleihen. Aber bitte nur über den emotionalen, nicht über den physischen Teil. Obwohl sexuelle Kommunikation – also die Fähigkeit, über unsere Wünsche, Sehnsüchte und Fantasien zu sprechen – so wichtig für ein intaktes und erfülltes Liebesleben ist, ist sie leider Mangelware, sowohl in ihrer Quantität als auch in ihrer Qualität. Aufgrund des stark ausgeprägten menschlichen Schamgefühls wird das offene Gespräch über Sex sogar als unangenehm empfunden. Ursachen dafür liegen in unserer Erziehung, der gesellschaftlichen und religiösen Prägung. Denn uns wurde schon früh beigebracht, über welche Dinge wir offen kommunizieren sollen und über welche wir lieber den Deckmantel des Schweigens hüllen. Über Sex zu sprechen, schickt sich nicht, wird als unsittlich wahrgenommen. Auch im 21. Jahrhundert wird die offene und freie sexuelle Kommunikation noch tabuisiert und stigmatisiert. Folglich haben wir nie gelernt, auf dieser Ebene zu kommunizieren. Erschwerend kommt hinzu, dass wir Angst vor der Reaktion unseres Gegenübers haben, wenn wir unsere erotischen Sehnsüchte äußern. Wir fürchten, uns in unserer Offenheit verletzlich zu machen oder unser Gegenüber mit unseren Worten zu verletzen. Allerdings ist genau das Gegenteil der Fall. Denn der Austausch unserer intimsten Wünsche und Gedanken kann uns noch enger zusammenschweißen, uns noch vertrauter werden lassen, unsere Beziehung intensivieren. Trotzdem schweigen wir, anstatt uns in Liebe zu offenbaren.

Sprechen wir nicht über unsere Bedürfnisse, verfallen wir der Utopie und zeitgleich der Erwartungshaltung, unser Partner müsse wissen und spüren, was genau wir brauchen, was uns guttut und was uns gefällt. Wir geben also die Verantwortung für unsere eigene Lust und deren Befriedigung achtlos an den Partner ab. Das Resultat: sexuelle Unzufriedenheit!

Für eine funktionierende Partnerschaft und ein erfülltes Sexleben ist ein offener und ehrlicher Umgang miteinander und eine auf Vertrauen gestützte, achtsame Kommunikation unerlässlich. Also sprengt die Ketten der selbst auferlegten Schweigsamkeit, befreit euch von eurer Scham und gebt euch nicht nur im Sex, sondern auch in der Kommunikation voll und ganz einander hin.

Doch wie gelingt nun eine erfolgreiche sexuelle Kommunikation? Als Grundlage dafür müssen wir im ersten Schritt verstehen, warum Kommunikation so schwierig ist und wie wir Missverständnisse vermeiden können. Generell unterscheiden wir drei wesentliche Arten der Kommunikation: verbal (sprachlich), nonverbal (Gestik, Mimik usw.) und paraverbal (Stimmlautstärke, -lage, -höhe). Wenn auch nur wenige Menschen die Fähigkeit besitzen, ihre sexuellen Wünsche offen und frei zu formulieren, also verbal zu kommunizieren, so fällt es den meisten wesentlich leichter, den Gefühlen und der Lust auf der nonverbalen Ebene Ausdruck zu verleihen. Dann flirten wir mit unseren Augen, stöhnen, wenn uns etwas gefällt, oder geben dem Partner mit einem Fingerzeig zu verstehen, wo wir verwöhnt werden wollen. Nonverbale Kommunikation ist damit ein essenzieller und gleichzeitig bereichernder Bestandteil unseres Liebeslebens. Leider ist sie nur dann zielführend, wenn der Partner schon genau weiß, was uns guttut, und wir lediglich den Feinschliff vornehmen möchten oder ihm eine Bestätigung hinsichtlich seiner Berührung geben wollen, nicht jedoch, wenn es darum geht, neue Dinge auszuprobieren oder über unsere Empfindungen und Emotionen im Detail zu sprechen. Dann bleibt uns nichts anderes übrig, als uns der verbalen Kommunikation zu bedienen.

Auf den ersten Blick klingt es ganz simpel: passende Worte finden, Wunsch formulieren, auf Feedback warten. Doch wenn wir uns etwas näher mit dem zwischenmenschlichen Kommunikationsprozess beschäftigen, werden wir feststellen, dass er einige Tücken birgt. Wir unterliegen nämlich dem Irrglauben, dass alles, was wir sagen, eins zu eins und ungefiltert bei unserem Gegenüber ankommt. Dies ist ein absoluter Trugschluss, den die Kommunikationstheorie folgendermaßen erklärt: Befinden wir uns in einem Dialog, dann gibt es immer einen Sender und einen Empfänger. Der Sender übermittelt eine codierte Botschaft an den Empfänger, der diese nun entschlüsseln muss. Er verarbeitet die angekommene Botschaft, analysiert dabei aber zeitgleich Gestik und Mimik des Senders, seine Tonlage und Sprechlautstärke. Außerdem fließen persönliche Eigenschaften und Empfindungen des Empfängers in die Decodierung der Botschaft mit ein. Dieser durchaus komplexe Kommunikationsprozess kann dazu führen, dass das, was der Sender als Botschaft formuliert hat, ganz anders beim Empfänger ankommt, als es ursprünglich gemeint war. Ebenfalls Einfluss auf die Kommunikation haben unter anderem Stimmung, Herkunft, Erziehung, Wissensstand und die Aufmerksamkeit der interagierenden Personen. Anhand des folgenden lebensnahen Beispiels versuche ich, dieses theoretische Konstrukt zu verdeutlichen:

Anna sitzt etwas zusammengesunken auf dem Stuhl und schaut beschämt zur Seite. Um ihre Scham zu verbergen, hat sie die Arme vor dem Körper verschränkt. Damit schenkt sie sich selbst Geborgenheit und Sicherheit. Ihr Bein zappelt nervös, der Fuß wippt unruhig auf und ab. Nun flüstert sie leise mit einer leicht piepsigen Stimme: »Schatz, was ich dir schon immer mal sagen wollte: Ich würde gern Slow Sex mit dir ausprobieren!«

Sie formuliert also eine Botschaft, die sie codiert und losschickt. Angekommen im Ohr des Empfängers, passiert Folgendes: Ihr Partner schaut vom Handy auf und blickt sie an. Sein Gedankenkarussell beginnt sich zu drehen. Er versucht, die Nachricht zu decodieren.

Irgendwie sieht sie komisch aus, wie sie so dasitzt, ihr Gesichtsausdruck ist mürrisch und sie wirkt mit ihren verschränkten Armen wie ein kleines, trotziges Kind. Bestimmt bekommt sie bald ihre Tage, dann benimmt sie sich nämlich immer so merkwürdig. Außerdem – was soll das mit dem Slow Sex? Wo hat sie das denn wieder aufgeschnappt? Ist sie denn nicht zufrieden mit unserem Sex? Habe ich es ihr vielleicht gestern Abend nicht richtig besorgt? Na ja, eigentlich hat sie doch sowieso nie Bock auf Sex.

Er reagiert gereizt, richtet sich gerade auf, um größer zu wirken. Sein Blick ist verkniffen, seine Augenbrauen zusammengezogen. Mit erhobener Stimme und gereiztem Tonfall antwortet er: »Was soll das denn jetzt? Slow Sex? Bist du etwa nicht zufrieden mit unserem Sexleben?«

Und schon ist es passiert. Eigentlich hat sie nur ihren Wunsch geäußert oder zumindest war das ihr Plan. Angekommen ist aber etwas ganz anderes. Die Dekodierung der Botschaft ist missglückt und schon haben wir den Salat. Der Versuch, ein erotisches Gespräch aufzubauen, ist gescheitert.

Wir müssen uns also überlegen, wie wir dem Problem entgegentreten können, um dieses Kommunikationsleck zu umgehen und eine wohlwollende und wertschätzende Kommunikation zu gewährleisten.

Prinzipiell gilt: Über seine Wünsche kann nur derjenige offen sprechen, der seine eigenen Bedürfnisse kennt. Vor allem Frauen sind sich häufig nicht darüber im Klaren, was genau ihnen guttut. Wir müssen uns also in erster Linie mit unserer eigenen Sexualität auseinandersetzen und unsere sexuelle Identität finden. Selbstliebe und Selbstakzeptanz sind dabei der Schlüssel zum Erfolg. Es gilt herauszufinden, was uns berührt, was uns erregt, welche offenen Wünsche und Sehnsüchte wir haben. Wenn wir unsere eigenen Bedürfnisse nicht kennen und unser Sexleben nur darüber definieren, dem Partner zu gefallen, leidenschaftlich und erotisch zu wirken, anstatt es tatsächlich zu sein, dann wird es schier unmöglich, unsere Wünsche in Worte zu fassen.

Nimm dir also Zeit, darüber nachzudenken und dir zu vergegenwärtigen, was dir an eurem gemeinsamen Sex gefällt, was dich anmacht, welche Berührungen du magst – also Dinge, die richtig gut laufen. Kratze dabei nicht nur an der Oberfläche, sondern gehe ins Detail. Es reicht nicht, zu wissen, dass man Oralsex im Allgemeinen gut findet, sondern die kleinen, aber feinen Berührungen machen den Unterschied. Denn sie sind es, die uns sexuell beflügeln oder genau das Gegenteil bewirken. Überleg dir im nächsten Schritt, was du gern verändern würdest und warum, welche Fantasien du hast und was du gern noch ausprobieren möchtest. Auch hier gilt: Je konkreter, desto besser.

Um sexuelle Gedanken detailreich beschreiben zu können, ist es essenziell, gemeinsam einen erotischen Sprachraum zu definieren. Wer Worte oder Begrifflichkeiten für Geschlechtsteile, Praktiken und Berührungen hat, für deren Aussprache er sich nicht geniert, kann auch leichter seine Sehnsüchte formulieren. Worte können viel bewirken – sie können uns beflügeln, unsere gegenseitige Wertschätzung zum Ausdruck bringen oder despektierlich sein. Soll euer Sprachgebrauch eher liebevoll, pragmatisch oder vulgär sein? So könnt ihr das weibliche Geschlechtsorgan als »kleines Blümchen«, als »Vagina« oder als »geile Fotze« bezeichnen. Alle Worte beschreiben das Gleiche, alle auf eine andere Art und Weise in ihrem emotionalen Ausdruck. Denn es macht in eurer Gefühlswelt tatsächlich einen riesigen Unterschied, ob ihr »Liebe macht«, »Geschlechtsverkehr ausübt« oder euch »gegenseitig fickt«. Also spielt mit der Vielzahl der verschiedenen Begrifflichkeiten und schaut, was sich für euch beide gut und vor allem authentisch anfühlt.

Für eine gelungene Kommunikation bedarf es ausreichend Zeit. Sex ist kein Thema für zwischendurch, ein Gespräch zwischen Tür und Angel wird nicht den ersehnten Erfolg haben. Schafft eine angenehme, ruhige und vertraute Atmosphäre, sorgt dafür, dass euch nichts und niemand unterbricht, und eliminiert vorsorglich alle Störquellen, die eure Kommunikation beeinträchtigen könnten. Falls es euch zu Beginn unangenehm sein sollte, euch bei dem Gespräch in die Augen zu schauen, könnt ihr euch auch Rücken an Rücken setzen. So spürt ihr die Gegenwart und Nähe des anderen, ohne euch gegenseitig anzustarren. Das »Vertraut-Sein« baut Scham ab und schenkt euch Gelassenheit sowie die notwendige Ruhe.

Wie bei allem im Leben gibt es auch in der Kommunikation ein »Regelwerk«. Wenn ihr dieses befolgt, wird nicht nur euer Sex-Talk, sondern jedes Gespräch in eurer Partnerschaft erfolgreich verlaufen. Und denkt stets daran: Selbst wenn ihr nicht kommuniziert, kommuniziert ihr, nämlich nonverbal. Ein zaghaftes Lächeln kann euer Gegenüber dazu ermutigen, weiterzusprechen, eine hochgezogene Augenbraue hingegen als Provokation verstanden werden. Achtet also auf eure Gestik und Mimik, denn sie vermag mehr auszudrücken, als euch vielleicht bewusst ist. Gleichsam verbreitet eure paraverbale Kommunikation Schwingungen, die den Gesprächsverlauf beeinflussen. Nicht umsonst kennen wir alle die volkstümlichen Sprichwörter: »Wer schreit, hat unrecht!« und »Der Ton macht die Musik!«

Fallt nicht sofort mit der Tür ins Haus

Startet euer Gespräch behutsam und gebt euch gegenseitig die nötige Zeit und Ruhe, um einen Einstieg in das Thema zu finden. Es kann zu Beginn durchaus hilfreich sein, ein Sex-Talk-Date zu vereinbaren. Ein fester Termin gibt jedem die Möglichkeit, sich inhaltlich wie auch emotional auf das Gespräch vorzubereiten. Sollte dies zu viel Druck oder sogar negativen Stress in euch auslösen, dann lasst es lieber sein. Egal ob geplant oder spontan – startet die Kommunikation stets mit positiven Argumenten. Dies öffnet die Tür und damit das Gehör des Partners und fördert eine offene Haltung. Denn wenn ihr euch gleich gegenseitig um die Ohren haut, was alles nicht gut funktioniert, ist das Gespräch sicherlich beendet, bevor es richtig begonnen hat. Komplimente erhalten bekanntlich nicht nur die Freundschaft, sondern auch die Liebe.

Formuliert Ich-Botschaften statt Du-Botschaften!

Wenn ihr einen Wunsch aussprechen oder gar ein Problem ansprechen möchtet, dann tut dies immer in Form von Ich-Botschaften. Bleibt also bei euch und sprecht nicht vom Partner. Statt »Du bist beim Sex immer so hektisch!«, formuliert den Satz: »Ich wünsche mir mehr Ruhe und Gelassenheit in unserem Liebesleben.« Durch diese Art des Satzbaus nehmt ihr dem Gegenüber den Wind aus den Segeln, denn er wird sich nicht persönlich angegriffen fühlen und auch nicht à la »Du bist doch selbst immer hektisch!« kontern wollen. Sprecht also Wünsche aus, keine Vorwürfe.

Nehmt euch gegenseitig ernst

Zeigt euch gegenseitig, dass ihr am Gegenüber, an seinen Worten und Themen interessiert seid. Begegnet einander mit voller Aufmerksamkeit. Seid offen für die Aussagen eures Gegenübers. Zieht nichts ins Lustige. Bei Themen, die unsere Herzen bewegen, sind spaßige, wenn auch aufmunternd gemeinte Sprüche tabu. Wenn ihr etwas nicht verstanden habt, fragt ruhig nach oder wiederholt den wahrgenommenen Inhalt. Denn Gehör finden und verstanden werden, sind die Schlüssel für unser Wohlbefinden und essenziell für eine gelungene Kommunikation im Privatleben.

Verzichtet auf Übertreibungen und Verallgemeinerungen

Bleibt konkret in euren Aussagen, achtet auf Details und verzichtet bewusst auf Worte wie »immer« und »nie«. Übertreibungen führen unweigerlich zu einer Abwehrhaltung beim Gegenüber. Oder wer will sich schon sagen lassen, dass er »nie« auf die Bedürfnisse des anderen eingeht? Statt Situationen zu verallgemeinern, beschreibt lieber genau, worum es euch geht, benutzt konkrete Begrifflichkeiten und spart euch komplizierte Umschreibungen, auch wenn das manchmal peinlich zu sein scheint. Ein Beispiel: »Ich mag es, wenn deine Zunge über meine Klitoris leckt. Das macht mich richtig heiß. Allerdings mag ich es nicht, wenn du mich gleichzeitig fingerst. Ich würde mich lieber nur auf eine Sache konzentrieren und diese voll genießen!«

Setzt auf wechselseitige Kommunikation statt auf einen Monolog

Die Kommunikation innerhalb einer Beziehung verfolgt meist das Ziel, etwas von sich zu erzählen oder seine eigene Meinung zu einem bestimmten Thema mitzuteilen. Dabei verfallen wir sehr schnell in einen Monolog, wollen also das loswerden, was uns auf dem Herzen liegt, ohne dabei der Meinung des Partners Platz einzuräumen. Deshalb ist es wichtig, dass der Sender seine Botschaft klar und konkret formuliert und dann dem Empfänger Zeit gibt, darüber nachzudenken und adäquat zu antworten. Dialog statt Monolog, wechselseitiger Austausch statt strikte Faktenübermittlung sollte euer Leitmotto sein.

Decodiert die Botschaft – aber richtig!

Wir haben bereits gelernt, dass wir nicht kommunizieren können. Erschwerend kommt hinzu, dass wir nicht nur auf der Sach-, sondern auch auf der Beziehungsebene kommunizieren, besonders in einer Partnerschaft. Das heißt, wir vermitteln nicht einfach nur Informationen, sondern lösen mit unseren Worten bei unserem Gegenüber Emotionen aus. Wer empathisch mit seinem Partner umgeht, versucht, sich in ihn hineinzuversetzen, weiß, welche Worte ihn triggern, traurig machen oder angreifen, hat eine höhere Chance, diese Fallstricke zu umschiffen. Nehmt euer Gegenüber also stets bewusst wahr, achtet auf die kleinen Nuancen seiner Reaktion, versucht, die Emotionen hinter den Worten richtig zu deuten, sowohl als Sender als auch als Empfänger. Bedenkt stets, dass jeder von euch Gründe für seine Sicht- und Handlungsweise hat.

Schenkt euch Wertschätzung und Respekt

Wertschätzung und Respekt sind zwei wesentliche Faktoren für eine liebevolle Kommunikation. Wer die Offenheit und die Worte des anderen wertschätzt, vermittelt ein Gefühl von Liebe und Vertrauen. Ihr nehmt einander die Scham, Dinge anzusprechen, und die Angst, etwas Falsches zu sagen. Ehrlichkeit ist vielleicht manchmal verletzend, aber wer nicht offen kommuniziert, trägt auch stets ein Geheimnis mit sich. Stärkt gegenseitig euer Selbstwertgefühl, verurteilt nicht, beschimpft einander nicht, sondern hört offen und interessiert zu. Begegnet einander stets in Achtsamkeit, dann werdet ihr euer Ziel sicherlich erreichen.

Abschließend wünsche ich euch einen interessanten und beflügelnden Austausch über eure Wünsche und Sehnsüchte und viel Freude dabei, diese in die Tat umzusetzen.

Resümee ziehen

Schenkt euch nach einigen Wochen ein wenig Zeit, um das Gelesene und dann hoffentlich bereits Ge- und Erlebte Revue passieren zu lassen. Dabei sollen dir die folgenden Fragen eine Hilfestellung sein.

Achtsamkeit:

- Wie habe ich Achtsamkeit in meinen Alltag integriert?

- Welche Übungen haben mir dabei geholfen?
- Wie fühle ich mich dabei?
- Habe ich eine Änderung an meinem Körper oder meinem Geist wahrgenommen?
- Kann ich auch meinen Mitmenschen mit Achtsamkeit begegnen?

Slow Sex:

- Wie fühlt sich Slow Sex für mich an?
- Wie hat Slow Sex mein Liebesleben verändert?
- Bin ich in der Lage, mich voll und ganz hinzugeben?
- Konnte ich mein Yin stärken?
- Welche neuen Empfindungen habe ich durch Slow Sex erfahren?
- Hat Slow Sex eine positive Auswirkung auf meine Beziehung?

Kommunikation:

- Kann ich meine Wünsche, Sehnsüchte und Fantasien offen kommunizieren?

- Konnte ich mein Schamgefühl ablegen?

- Wie hat sich mein erotischer Sprachraum verändert?

- Schaffe ich es, mich an die Kommunikationsregeln zu halten?

- Welchen Effekt hat die wohlwollende und achtsame Kommunikation auf meinen Alltag und mein Umfeld?

Schlusswort

In diesem Buch hast du dich intensiv mit den Themen Achtsamkeit und Hingabe, Slow Sex und offene, ehrliche Kommunikation beschäftigt. Sicherlich konntest du feststellen, dass sie sich gegenseitig bedingen, sich gegenseitig brauchen – eine Einheit, beinah eine Symbiose bilden. In ihrer Kombination werden sie dir Ruhe, Gelassenheit und ein liebevolles Dasein bescheren, dir neue sexuelle Erfahrungen offenbaren und gleichzeitig für eine stabile und leidenschaftliche Partnerschaft sorgen.

Ich hoffe, dass meine Worte dein (Liebes-)Leben bereichern können. Ich wünsche dir für die Zukunft, dass du achtsam und liebevoll durchs Leben gehen wirst, um jeden Augenblick in seiner Herrlichkeit spüren und genießen zu können.

Deine Amy Balton

Quellenverzeichnis:

- Amorelie & Trend Research: So lieben wir. Amorelie Report zum Sex und Liebesleben, Edition 2019. Online unter: https://www.prosiebensat1.com/uploads/2020/01/27/AMORELIE_Sex%20Report%202019.pdf
- Beziehungszentrum: Sexuelle Kommunikation: Warum sie schwierig ist – Warum sie wichtig ist! Online unter: https://www.beziehungszentrum.de/blog/sexuelle-kommunikation-warum-sie-schwierig-ist-warum-sie-wichtig-ist
- Bild Redaktion: 666 Fakten über Sex. Teil 4: Das Liebesleben der Deutschen. Online unter: https://www.bild.de/ratgeber/gesundheit/liebesleben-der-deutschen-5772980.bild.html
- Bindrum, Victoria: Wie funktioniert Sensate Focus? Online unter: https://hellobetter.de/blog/sensate-focus/
- Blumer, Paul: Wie man besseren Sex hat, indem man keinen Sex hat. Sensate Focus hilft Paaren, Intimität wiederzuentdecken. Online unter: https://ichi.pro/de/wie-man-besseren-sex-hat-indem-man-keinen-sex-hat-166525351712441
- Buchstabenhexe: Hingabe – Verlieren in der Liebe. Online unter: https://www.ascordis.de/hingabe-verlieren-in-der-liebe/
- Drews, Anja: Slow Sex: Mit Achtsamkeit die Liebe neu entdecken. Online unter: https://www.die-sexualitaet.de/slow-sex
- Fassbender, Alexander, Maria: Kommunikation wie geht das wirklich – Regel 1–5. Online unter: https://www.alexander-maria-fassbender.de/kommunikation-wie-geht-das-wirklich-regel-1-bis-5/
- Firnkes, Michael: Was ist eine achtsame Sexualität? Online unter: https://nachspueren.de/achtsamer-sex/
- Frank, Tuba: Slow Sex – Die Anleitung zum neuesten Trend. Online unter: https://magazin.amorelie.de/slow-sex/
- Frey, Hannah: Anleitung zum Body-Scan – MBSR-Übung. Online unter: https://www.projekt-gesund-leben.de/2015/03/anleitung-zum-body-scan-mbsr-uebung/
- Friedrich, Katja: Der Energiekreislauf zwischen Mann und Frau. Online unter: https://liebe-und-sexualitaet.org/energiekreislauf-zwischen-mann-und-frau-yin-pole-yang-pole/
- Geipel, Maria: Kommunikation und Sprache. Sender-Empfänger-Modell. Online unter: https://www.br.de/alphalernen/faecher/deutsch/2-kommunikation-sender-empfaenger-modell102.html
- Haufe Online Redaktion: Achtsamkeit: Geistige und körperliche Wirkung belegt. Online unter: https://www.haufe.de/arbeitsschutz/gesundheit-umwelt/achtsamkeit-wirkung-wissenschaftlich-belegt_94_280626.html
- »Hingabe« auf Duden online. URL: https://www.duden.de/node/66616/revision/614262 (Abrufdatum: 25.05.2022)
- Hoyndorf, S., Reinhold, M. & Christmann, F. (1995). Behandlung sexueller Störungen. Weinheim: Psychologie Verlags Union
- Institut für Beziehungsdynamik: Sensate Focus – Schrittweise Annäherung. Online unter: https://www.beziehungsdynamik.de/uebungen/sensate-focus/
- Ivanovski, B., Malhi G. S.: The psychological and neurophysiological concomitants of mindfulness forms of meditation, in: Cambridge University Press: 24. Juni 2014. Online unter: https://www.cambridge.org/core/journals/acta-neuropsychiatrica/article/

abs/psychological-and-neurophysiological-concomitants-of-mindfulness-forms-of-meditation/5EDBA89BC4F6DB9D737B3FCB9B95F704

- Jakob, Stefanie: Achtsamkeit: Von der Schwierigkeit, im Hier und Jetzt zu sein. Online unter: https://utopia.de/ratgeber/achtsamkeit-lernen-mbsr-achtsamkeitsuebungen-achtsamkeitstraining-achtsamkeitsmeditation-hier-und-jetzt/
- Kuss, Melanie: Achtsamkeit. Online unter: https://www.planet-wissen.de/gesellschaft/psychologie/achtsamkeit/index.html
- Mai, Jochen: Achtsamkeit – einfach erklärt: Definition, Bedeutung, Training. Online unter: https://karrierebibel.de/achtsamkeit/
- N. N.: Achtsamkeitsmeditation führt zu Veränderungen in der Hirnstruktur (Spiegel der Forschung). Online unter: http://www.schattenblick.de/infopool/religion/buddha/rbpre923.html
- N. N.: Alltag entschleunigen – Kann die Beziehung retten: Warum Sie Slow Sex ausprobieren müssen. Online unter: https://www.focus.de/familie/eltern/familie-heute/einfach-besser-leben-grosse-sex-studie-zeigt-darauf-stehen-die-deutschen-wirklich-im-bett_id_8278164.html
- N. N.: Anleitung und Tipps für eine erotische Massage. Online unter: https://www.fitundgesund.at/erotische-massage-artikel-1833
- N. N.: 5 Schlüssel zur Verbesserung der sexuellen Kommunikation. Online unter: https://gedankenwelt.de/5-schluessel-zur-verbesserung-der-sexuellen-kommunikation/
- N. N.: Mindful Sex: Mit allen Sinnen ganz im Moment. Online unter: https://magazin.amorelie.de/mindful-sex/
- N. N.: Paula kommt – Erotische Massagen. Online unter: https://www.sixx.de/tv/paula-kommt/sex-tipps/erotische-massagen
- N. N.: Was ist SlowSex? Online unter: http://slowsex-fuer-paare.de/was-ist-slowsex.html
- Pingel, Stephanie: So geht die Achtsamkeitsübung. Online unter: https://www.brigitte.de/gesund/entspannung/bodyscan-so-geht-die-achtsamkeitsuebung-11691948.html
- Pollich, Julia: Slow Sex – wie funktioniert der achtsame Sex? Online unter: https://www.femeda.de/sexualitaet/slow-sex/
- Rhode, Fiona: Erotische Lingam-Massage: So verwöhnst du IHN mit den Händen. Online unter: https://www.gofeminin.de/leidenschaft/lingam-massage-s2890972.html
- Rhode, Fiona: Slow Sex: Warum die lustvolle Langsamkeit euch so viel bringt. Online unter: https://www.gofeminin.de/leidenschaft/slow-sex-s1375408.html
- Richter, Linda: Aufregender Sex – und wie eine Rosine dazu beiträgt. Online unter: https://www.stern.de/neon/herz/liebe-sex/sexbewusst/achtsamkeitsforscherin-erklaert--welche-uebung-jedes-paar-probieren-sollte-8141498.html
- Rosicki, Julia: So gelingt sexuelle Kommunikation. Online unter: https://www.petra.de/sex/so-gelingt-sexuelle-kommunikation-1711.html
- Rubeau, Martin P.: Hingabe – der Schritt ins Ungewisse. Online unter: https://www.sein.de/hingabe-der-schritt-ins-ungewisse/
- Wittheck, Mila: Tantra: So kommst du bei der erotischen Massage zum absoluten Höhepunkt. Online unter: https://www.menshealth.de/sex/was-passiert-wirklich-bei-einer-tantramassage/
- Wittheck, Mila: Yoni-Massage: So raubst du ihr mit einer Vagina-Massage die Sinne. Online unter: https://www.menshealth.de/sex/mit-der-yoni-masssage-zum-orgasmus/
- Zimmer, Christa: Sieben goldene Regeln einer grenzwahrenden Kommunikation. Online unter: https://praxisfortbildung-muenchen.de/grenzwahrende-kommunikation/

Exklusiv & kostenlos für unsere Buchkäufer:

»Verwöhnt von allen Seiten«

Die erotische Kurzgeschichte & iPad-Gewinnspiel

GRATIS

Kostenlos per Post:

Verwöhnt von allen Seiten

Amy Balton

Erotische Kurzgeschichte

8 Seiten

Die Internet-Story zu dem Buch: »Slow Sex«

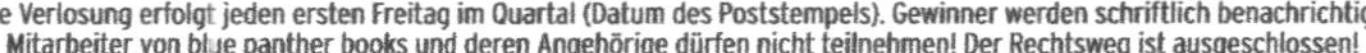

Die Verlosung erfolgt jeden ersten Freitag im Quartal (Datum des Poststempels). Gewinner werden schriftlich benachrichtigt.
Mitarbeiter von blue panther books und deren Angehörige dürfen nicht teilnehmen! Der Rechtsweg ist ausgeschlossen!

☐ Ja, ich möchte am iPad-Gewinnspiel teilnehmen.

☐ Bitte schicken Sie mir die kostenlose Internet-Story »Verwöhnt von allen Seiten« ausgedruckt per Post an meine folgende Adresse.

☐ Herr ☐ Frau

Name, Vorname

Straße, Hausnummer

PLZ, Ort

Land

Geburtsdatum

E-Mail (für aktuelle Informationen)

Wie haben Sie von diesem Buch erfahren?

Wo haben Sie dieses Buch gekauft?

Infos zur Datenverarbeitung unter: blue-panther-books.de/de/datenschutz.html

Amy Balton - Slow Sex | 3. Auflage | BT4 | 541

Bitte freimachen falls Marke zur Hand

Antwort

blue panther books
Osterfeldstr. 12-14 | Haus 1 | Nord
22529 Hamburg
Deutschland / Germany